名师工程
名师成长系列

职业高原期教师专业发展突围
——以贵阳市第二中学职业高原期教师专业发展为例

段丽英 谢基祥 杨 漪 著

西南大学出版社
国家一级出版社 全国百佳图书出版单位

图书在版编目(CIP)数据

职业高原期教师专业发展突围：以贵阳市第二中学职业高原期教师专业发展为例/段丽英，谢基祥，杨漪著.--重庆：西南大学出版社，2023.6
ISBN 978-7-5697-1685-6

Ⅰ.①职… Ⅱ.①段… ②谢… ③杨… Ⅲ.①中学—师资培养—研究 Ⅳ.①G635.12

中国版本图书馆CIP数据核字(2022)第201956号

职业高原期教师专业发展突围
——以贵阳市第二中学职业高原期教师专业发展为例
ZHIYE GAOYUAN QI JIAOSHI ZHUANYE FAZHAN TUWEI
——YI GUIYANG SHI DI-ER ZHONGXUE ZHIYE GAOYUAN QI JIAOSHI ZHUANYE FAZHAN WEI LI

段丽英　谢基祥　杨　漪　著

责 任 编 辑：	张　丽
责 任 校 对：	李　君
装 帧 设 计：	起源
照　　　排：	张　祥
出 版 发 行：	西南大学出版社(原西南师范大学出版社)
	网　址:http://www.xdcbs.com
	地　址:重庆市北碚区天生路2号
	邮　编:400715
	电　话:023-68868624
印　　　刷：	重庆华数印务有限公司
幅 面 尺 寸：	170 mm × 240 mm
印　　　张：	13.5
字　　　数：	200千字
版　　　次：	2023年6月　第1版
印　　　次：	2023年6月　第1次印刷
书　　　号：	ISBN 978-7-5697-1685-6
定　　　价：	68.00元

前　言

本书聚焦中学教师职业高原问题,从办学理念视角切入,以行动研究为基本方法,开发教师职业高原调研工具,探索办学理念如何促进职业高原教师专业自主发展的策略。

"教师职业高原"是指教师在某个阶段出现职业认同危机、职业倦怠、技能提升滞缓、发展空间缩小的一种职业状态。"自主发展"是指个体根据自身条件和客观实际主动确定发展方向并实施发展方案。"办学理念"是对教育规律的遵循、学校历史文化和办学实际的提炼,是基于"办什么样的学校"和"怎样办好学校"的深层次思考的结晶,是一所学校的价值主张。"办学理念"由办学目标、工作思路、办学特色等要素构成,包括学校理念、教育目的理念、教师理念、治校理念等内容。它强调通过开设系列课程、优化教研形式、搭建平台来促进教师专业自主发展。

本书旨在聚焦教师职业高原现象,研究开发测量工具以分析判断教师是否处于职业高原期及其成因,通过三轮研究,探寻应用办学理念促进职业高原期教师专业自主发展的方法路径,构建促进职业高原期教师专业自主发展的支持和保障系统,为中学破解教师职业高原困境提供参考,以尽可能达到让每个学生都能遇到好教师的愿景。

本书以文献研究法梳理了教师职业高原的相关研究成果和不足;以问卷调查法和访谈法整理出教师职业高原的三大症状即情感高原、技能高原和发展高原及个人、学校、社会三个方面的诱因;以行动研究法探索解决教师职业高原问题的策略,针对情感高原、技能高原和发展高原三大问题,施以课程培训、技能培养和平台培育三轮行动研究,得出以办学理念促进高原期教师专业自主发展的五大策略,即价值引领的自我诊断策略、目标导向的自我激励策略、研训一体的自我发展策略、制度保障的自我实现策略和不断完善的自我反思策略。

本研究的成果丰富,形成了一个"训·养·育一体化"的职业高原期教师专业发展课程开发范式,生成了办学理念促进职业高原期教师专业自主发展四门课程,即思政辅导课程、心理健康课程、师生共情课程、生涯规划课程,出版了丛书(八册),帮助一批高原期教师成长为包括特级、正高在内的骨干教师,优化了师资队伍,实现了"让每个班级都有优秀教师"的目标。

本书的研究成果在贵州省内外得到推广应用,产生了良好的社会效益。

目录

第一章 职业高原期教师专业发展研究现状 ……1
- 一、研究缘起 ……1
- 二、研究价值 ……5
- 三、核心概念界定 ……8
- 四、文献综述 ……13
- 五、研究创新点 ……39

第二章 行动研究设计 ……41
- 一、研究目标 ……41
- 二、研究内容 ……43
- 三、研究重点 ……44
- 四、研究难点 ……45
- 五、研究思路 ……45
- 六、研究方法 ……47
- 七、研究对象 ……48
- 八、前期调查 ……48
- 九、提出研究假设 ……74
- 十、制订行动研究计划 ……75

第三章 行动研究实施过程 ……79
- 一、第一轮行动研究：开发课程，突破教师情感高原，唤醒教师专业自主发展意识 ……79
- 二、第二轮行动研究：构建教研共同体，突破教师技能高原，陪伴教师专业自主发展 ……101
- 三、第三轮行动研究：搭建发展平台，突破教师发展高原，引领教师专业自主发展 ……113

第四章　行动研究结果讨论 ··· 123
　　一、行动研究数据分析 ··· 123
　　二、研究结论 ··· 143

第五章　以办学理念促进高原期教师专业自主发展的策略建议 ···145
　　一、凝练办学理念促进队伍建设的建议 ····················· 146
　　二、以办学理念促进职业高原期教师专业自主发展的措施建议 ···150
　　三、以办学理念促进高原期教师专业自主发展的五大策略 ······158

结语：研究的反思与展望 ·· 163
参考文献 ·· 164
附录 ·· 170

第一章
职业高原期教师专业发展研究现状

一、研究缘起

教师在教育发展中起着关键作用,高中阶段是学生自主意识发展、个性形成和分化的关键时期,高中教师承担着向高校输送优秀生源的重任,工作压力、心理压力十分巨大,又因上升渠道受限、能力提升受限等原因,极易陷入职业高原。职业高原不仅影响教师的幸福人生,影响教育质量,还影响培育新一代阳光自信、担负时代大任的建设者和接班人。解决教师职业高原期专业自主发展问题既是新高考、学校办学实际、办学理念对教师专业自主发展的要求,更是国家发展、全面育人对教师专业自主发展的要求。

1.国家政策对教师专业自主发展的要求

教育作为推动社会发展的最重要的后备力量,是促进生产力发展的首要因素。教师作为教育的主导者,是提高教育质量的重要因素。2018年1月,中共中央、国务院颁布的《中共中央 国务院关于全面深化新时代教师队伍建设改革的意见》中提出:"教师承担着传播知识、传播思想、传播真理的历史使命,肩负着塑造灵魂、塑造生命、塑造人的时代重任,是教育发展的第一资源,是国家富强、民族振兴、人民幸福的重要基石","全面贯彻党的教育方针,坚持社会主义办学方向,落实立德树人根本任务,遵循教育规律和教师成长发展规律,加强师德师风建设,培养高素质教师队伍"。《教育部等五部门关于印发〈教师教育振兴行动计划(2018—2022年)〉的通知》中指出:"教师教育是教育事业的工作母机,是提升教育质量的动力源泉","遵循教育规律和教师成长发展规律,着眼长远,立足当前,以提升教师教育质量为核心","从源头上加强教师队伍建设,着力培养造就党和人民满意的师德高尚、业务精湛、结构合理、充满活力的教师队伍","用优秀的人去培养更优秀的人"。为贯彻《中共中央 国务院关于全面深化新时代教师队伍建设改革的意见》决策部署,落实《教育部等五部门关于印发〈教师教育振兴行动计划(2018—2022年)〉的通知》工作要求,根据《教育部关于加快建设高水平本科教育 全面提高人才培养能力的意见》教育部又出台《关于实施卓越教师培养计划2.0的意见》,旨在通过实施卓越教师培养计划,培养造就一批教育情怀深厚、专业基础扎实、勇于创新教学、善于综合育人和具有终身学习发展能力的高素质专业化创新型中小学(含幼儿园、中等职业学校、特殊教育学校)教师。这是国家对现今教师队伍建设与发展的要求。

2.新高考对教师专业自主发展的要求

新高考改革(简称新考改)、新课标、新教材、新课程等的实施,对高中教师应具备的素养及专业素质提出了新的要求。教师是连接教育理念、培养目标与具体育人教学实践的中间桥梁。党的教育方针通过教师这一具体桥梁,落实培养高中生六大核心素养,助力学生具备必备品格和关键能力以推动社会发展,教师具体解决"立什么德、树什么人"的根本问题,落实课程改革和育人模式变革。习近平总书记要求全国广大教师要做"有理想信念、有道德情操、有扎实学识、有仁爱之心"的"四有"好老师。他希望每个教师都能成为符合党和人民要求、学生喜欢和敬佩的好老师,希望每个孩子都能遇到好老师。此外,习近平总书记还指出:"今天的学生就是未来实现中华民族伟大复兴中国梦的主力军,广大教师就是打造这支中华民族'梦之队'的筑梦人。"

推动教师的专业自主发展,对学生、学校、地区、国家的发展至关重要,是我国教师教育发展的趋势与教育改革发展的必然方向。因此,教师的专业自主发展既是个人成长与职业的需要,也是学生全面健康成长的需要,更是国家教育发展、时代发展的需要。

3.学校办学实际对教师专业自主发展的需求

教师刚入职时,满腔的热情、强烈的学习动力与个人满足感、对未来的美好憧憬等,都让其对教书育人工作有高度的积极性,对个人的发展充满了期望。教育是一个复杂、滞后的过程,社会的压力、家长的高要求、自我价值观的变化、自身技能发展的瓶颈等一系列教育改革所带来的压力,使教师的满足感减弱、困惑感增强,从而使教师进入个人发展的迷茫期,不再主动追求自我成长与发展,产生价值认同危机、专业技能危机、心理压力危机,进入以情感高原、技能高原、发展高原为主的职业发展高原期。教师成长减缓甚至停滞,使其工作懈怠,责任意识减弱,呈现出怀疑自我、怀疑教师角色的意义,甚至产生离职念头或出现心理问题等。这些都极大地影响了教学效率的提升、育人工作的深入展开以及学校积极氛围的营造。教师进入职业高原期,无论对其自身职业发展,还是对教学育人工作都有许多消极的影响。高中阶段是学生自主意识发展、个性形成和分化的关键时期,帮助教师走出职业发展的"高原期"对教师个人的生活及职业生涯、学生未来的发展、学校的发展、国家教育的发展都具有特殊且重要的价值和意义。如果高原期教师专业自主发展的问题解决不好,我们就不可能完成国家交给我们的任务,不能在全面提升教师素质能力的基础上推动教师教育改革发展,也不能促进学生全面发展,使其养成必备的品格与能力,更难以提升我国教育的国际竞争力。

4.办学理念对教师专业自主发展的重要影响

办学理念是一所学校核心价值理念的集中表达,既反映了学校的办学目标,也反映了学校的办学品质和教育追求。办学理念是学校发展的指挥棒,学校的所有办学实践都应该围绕办学理念展开,用理念指导实践,让理念化为行动,让理念指引办学目标达成。办学理念是学校持续发展的动力,行动实践是学校持续发展的保障。学校是教师、学生的共同家园,师生的自主发展是促进学校发展的核心要素。在价值取向上,办学理念凸显育人性。办学的终极价值是为了人更好地成长与发展,这里的发展既是学生的发展也是教师的发展。同时,办学理念还应体现国家意志和时代精神,解决好"为谁培养人""怎样培养人"的问题。

贵阳市第二中学的办学理念是"教育:唤醒·陪伴·引领"。唤醒:一般是指个体受到刺激而产生感知觉的反应,可分为生理唤醒与心理唤醒,这里的唤醒更多是指唤醒人生存和探索周围世界的动机,它注重激发内驱、引发改变的动力,强调发现自我、提升自我与完善自我的自我构建和自我实现。陪伴:指随同做伴,是人与人之间相互尊重与相互倾听,强调人的共同体的建设。这里的陪伴强调真实的陪伴,是一种彼此尊重、互动、倾听、对话和理解的陪伴,是一种指向共同成长的业态。引领:指带动事物跟随他或他们向某一方向运动、发展,它不是推动,不是灌输,而是像牵引多节车厢的机车或像拖船牵引驳船,既要牵引又要控制方向,既要指导更要引导,这里的"引领"强调的是教育者的示范与指导。

从教育目的来看,"教育:唤醒·陪伴·引领"追求的是一种有温度、有深度、有梯度的教育,强调人的个性化和差异化,最终实现尊重人、理解人、成就人、成全人的目的。"唤醒""陪伴""引领"三者间既具有教育过程中的递进性,又是相互交融的一个整体。它们之间既有逻辑的连续性,又有相互的交融性,并且呈现出螺旋式上升的趋势,从而实现了师生之间、学生之间、教师之间生命对生命的影响。

"教育:唤醒·陪伴·引领"的办学理念自2015年明确提出后,经过了六年的探索与实践,不断丰富和完善,已得到了广泛认同。2020年10月15日,段丽英校长作为全国优秀中学校长在教育部中学校长培训中心举办的"全国教育思想研讨会"上就此做了专题汇报,得到了教育部培训专家和来自全国各地近四百名校长的高度评价,这也是贵州省首位高中校长在全国教育思想研讨会上发出的声音。

值得一提的是,2020年"贵阳二中办学理念促进学生自主发展"教学实践荣获了教学成果评比省级二等奖(一等奖空缺)、市级一等奖。

"教育:唤醒·陪伴·引领"办学理念为促进职业高原期教师主动发展研究,起到了极为重要的作用。它唤醒职业高原期教师对教育的思考,再次激发其内驱力、引发改变的动力,让职业高原期教师重新发现自我、提升自我与完善自我,从而更好地自我构建、自我实现,呈现共同成长的业态,更好地发挥教育者的示范与指导作用。

苏霍姆林斯基(Suhomlinski)说:"教育的最终目的是自我教育。"教师的专业成长、学生的自主发展是学校发展的重要因素,师生的自主发展更是推动教育现代化发展的内在动力。著名教育家乌申斯基(Ushinsky)说过,如果我们把我们的健康信托给医学家,那么我们就要把我们子女的道德和心智信托给教育者,把子女们的灵魂,同时也把祖国的未来信托给他们。教师肩负着培养人才的责任,教师的专业程度与责任态度等都与教育的进步密不可分。

无论从教师、学生、学校发展的角度,还是从中国教育的发展乃至中国发展的角度来看,以办学理念促进高原期教师专业自主发展均重要且必要。

二、研究价值

(一)理论价值

通过本研究获得了以"教育:唤醒·陪伴·引领"办学理念促进高原期教师专业自主发展相关的新知识,推动了教师教育的发展,建构了BAIS育人体系[即办学理念(Belief)、动因(Agent)、认同(Identity)、自我(Self)],丰富了高中教育管理,特别是基础教育的相关理论。同时,推动了教师教育相关理论的发展,研究了"教育:唤醒·陪伴·引领"办学理念与职业高原期教师专业发展的关系。"职业高原期"于1977年被提出,至今已形成较为系统的理论,但在国内起步较晚,且以"静态"的研究思路及定性的思辨研究为主,质性的研究目前还是空白,提出的策略较为宏观笼统,操作性较弱。本研究着力质的研究,在"动态性"与"过程性"中深化以办学理念促进高原期教师专业发展的理论,为教育事业创造更多价值,并在反复的调查、实践、修改、评价与反思中深化相关理论,使之能为教育行业或其他行业的实践与研究提供更多的理论依据。因此,研究本课题具有重要的理论价值。

(二)实践价值

本研究在科学有效的量表调查基础上大量调研,进行范围大且深入的行动研究,追踪动态过程,探索教师职业高原的成因与办学理念促进教师高原期专业自主发展的对策,在多轮实践、修改、验证后,形成以办学理念促进高原期教师专业发展的行动方案、评价方案和实施范式,帮助职业高原期教师快速走出成长停滞的高原期,解决职业高原期教师自主发展的问题,形成教师在高原期发展的"愿为、能为、坚持为"的主动发展意识,促进教师成长为专家型、卓越型教师。

首先,本研究可以促进学生全面发展、健康成长。本研究着力解决教师在职业高原期专业自主发展的迷茫、瓶颈与停滞问题,以"教育:唤醒·陪伴·引领"的办学理念促进教师走出职业高原期,更好地进行职业自主发展,增强教师工作的热情与积极性,提高教学效率,增强育人功能。教师以积极的面貌对学生更好地做到唤醒、陪伴与引领,用自身过硬的专业素养助力学生更好地获取知识、提升能力,从而使学生全面发展、健康成长。

其次,本研究可以促进教师更好地进行专业自主发展。职业高原期的教师往往因出现技能高原,而陷入教学方式、课堂管理、研究反思、沟通协调的困境,因资源缺失、评价单一、机制滞后等导致成长发展机会受限,因自我认知、职业认知迷茫导致心理失衡、专业发展迷茫与停滞。本研究助力教师更好地处理情感高原、技能高原、发展高原问题,走出职业高原期,唤醒职业高原期教师重新发现自我、提升自我与完善自我,从而更好地达成自我构建和自我实现。

再次,本研究可以推动学校师资队伍建设,为学校更好、更快地发展提供保障。师资队伍建设是学校发展的重中之重,是学校生存与发展的保障,教师的专业素养、综合素质决定了一所学校发展的快与慢,教师的发展能影响学校的发展。本研究通过对贵州省级一类、二类,以及区县级等几所学校教师职业高原期的现状调查,结合本省相关情况,分析出教师职业发展高原现象的成因,并通过三轮行动的实践探讨出相应策略,帮助高原期教师更快地走出高原期,更好地进行专业自主发展,更好地教书育人,从而助力学校师资队伍建设。本研究以办学理念促进高原期教师专业自主发展,推动学校的师资队伍建设,为学校更好、更快地发展提供保障,同时可以激发学校发展的内生动力,充实学校的教育内涵,形成发展的文化自觉。贵阳市第二中学把"教育:唤醒、陪伴、引领"作为学校的办学理念,把"唤醒师生主动发展"作为学校育人的重要抓手,研究办学理念促进职业高原期教师主动发展的模式和策略,具有很强的现实意义,也为教育管理及决策部门提供了实践依据。

最后,本研究可以助推国家教育事业发展,帮助教师尽快走出职业高原期,更好地进行专业自主发展,避免人力资源的极大浪费,满足时代发展、国家政策、新时代新高考背景下对教师专业素养及师资队伍建设的要求,提高教师队伍的专业素养,推动教师教育改革的真正发展,为增强国家竞争力、社会的快速发展提供坚强的师资保障。

由此,本研究对推动我校、我市、我省乃至我国教师队伍专业化发展水平的整体上升,助力学生健康成长、全面发展及社会的发展都有很强的实践价值。

三、核心概念界定

(一)贵阳市第二中学办学理念

办学理念,是教育理念的下位概念,是引领学校发展的灵魂,是校长基于"办怎么样的学校"和"怎样办好学校"的深层次思考的结晶。从某种意义上说,办学理念就是学校生存理由、生存动力、生存期望的有机构成。科学合理的办学理念有助于实现学校的特色发展,在实践中形成学校品牌。办学理念科学合理与否可以从办学理念的价值取向、语言表达、理论基础及特色实践等方面加以审视。办学理念作为学校发展的灵魂,要渗透到学校的办学中:一方面,办学理念要统领学校的理念系统,将办学理念与学校的办学目标、校训、校风、教风、学风、校歌等一体化;另一方面,办学理念要渗透到学校办学的具体行为之中,要与学校的管理创新、课程教学改革、人才队伍建设、环境营造等紧密结合,并且内化在具体行动之中。办学理念体现的是学校的办学之道、教学之道、求学之道和管理之道,是教育工作者实现自己人生价值,追求卓越、走向辉煌的重要路径。

贵阳市第二中学的办学理念是"教育:唤醒、陪伴、引领",这一办学理念是基于对人性的研究和对教育本质的提炼,是从学校实际问题与发展需求出发对教育的理解与追求。它在贵阳市第二中学近九十年的办学底蕴与红色基因中孕育,指向"唤醒内驱、陪伴成长、引领发展",是贵阳市第二中学教育事业的发展之根,也是指导贵阳市第二中学所有教育行为和课程开发的基本纲领,其最终目标是"立德树人、生命觉醒"。

基于本研究将"教育:唤醒、陪伴、引领"的办学理念界定为:通过开发课程突破教师情感高原,唤醒教师专业自主发展;通过构建教师研修共同体,突破技能高原,陪伴教师专业自主发展;通过搭建教师专业自主发展平台,突破发展高原,引领教师专业自主发展。唤醒教师自我思考、自我认知,激发教师的内驱力和改变的动力,让教师自觉发现自我、提升自我与完善自我,从而更好地自我构建、自我实现,实现共同成长。

(二)教师职业高原

职业高原(career plateau)现象由美国职业心理学家费伦斯(Ference)在1977年提出,并将此描述为:个体在职业生涯的某一阶段晋升的可能性非常小的现象,[1]他将员工的职业高原分为员工因进一步晋升所需的心理动机及所需具备的技能缺失的个人高原和因员工在一个组织场域缺少更好的发展所需要的机会的组织高原;1981年,维加(Veiga)从职业流动的角度,将职业高原定义为:"由于长期处于某一职位,而使个体未来的职业流动(垂直流动和水平流动)变得不太可能"[2];1986年,巴德威克(Bardwick)根据员工实际情况,将职业高原现象分为因组织结构不合理而使员工职业的发展受到某种制约的结构高原和员工知晓了与自身工作相关的所需技能之后,呈现出自我进一步增长知识、技能提升的愿望与动力缺乏而产生的自我职业发展上的停滞状态的内容高原,以及因个体生活上的静止、职业发展上的停滞的个人高原三类;1988年,费尔德曼(Feldman)和韦茨(Weitz)又从责任方面对职业高原的概念进行扩展并界定为,员工个体在当前的工作场域及未来的工作中只有非常小的可能性承担更大的责任;还有一些学者,进一步丰富和拓宽了职业高原的内涵,他们认为职业高原不仅仅可以从如员工年龄、工作任期等客观的状态去衡量判定其是否进入职业高原期,还可以从个体主观感知去判断其是否进入职业高原期。

国内学者在借用职业高原概念的基础上,主要从教师职业的专业技能、升职、流动、责任、等级、职级等维度进行概念界定。如有学者从教师专业知识、等级、职级、荣誉等方面的瓶颈或停滞等维度对教师职业高原进行概念界定:"教师在当前学校的职业生涯发展中出现的诸如在向学校决策中心位移、专业知识技能提高、职位升迁、职称晋升、荣誉获得等方面的可能性很小或停滞状态。"[3]在此基础上,后来的研究学者又做了进一步的细化,认为"教

---

[1] Ference T P, Stoner J A, Warren E K. Managing the career plateau[J]. Academy of Management Review, 1977 (4):602-612.
[2] 秦艺萍.银行员工职业高原与工作绩效关系研究[D].成都:西南财经大学,2011:6.
[3] 刘亚军.教师专业发展的高原现象及其超越的叙事研究[D].成都:四川师范大学,2018:5.

师职业高原期是教师职业生涯发展过程中的一种停滞期,包括三个方面:第一,在向上运动中,教师很难实现等级、职务、职称的跨越;第二,教师的教学知识、教学能力都达到了一定水平,很难获得专业和知识的进一步提高;第三,向学校的决策中心靠近很难,难以承担更大的责任和获得决策权、自主权。教师职业高原包括三个方面:层级高原、内容高原、趋中高原"[①]。也有少数研究者单纯从专业知识提升、教学技能提高等职业内容的层面对教师职业高原期做概念界定;另有部分学者认为教师专业发展高原期是"教师在职业生涯中经过一段时间的拓展与提高,取得一定的成绩后,专业发展水平停滞不前的一个非常时期"。在现有研究中,也有部分研究者未对此概念进行详细界定,仅做了"教师专业发展停滞期"的笼统陈述。

综上所述,基于学者们对教师职业高原的概念界定,本课题组将教师职业高原界定为:教师在当前学校的职业生涯发展中因内外因素产生的价值认同危机、专业技能危机和心理压力危机,从而走入情感高原、技能高原、发展高原,进而造成专业发展的瓶颈或停滞状态。其中,情感高原主要包括职业认同危机、情感认同危机、学生认同危机和自我认同危机;技能高原主要包括教学方式困境、课堂管理困境、沟通协调困境和研学反思困境;发展高原主要包括自我诊断缺失、资源平台缺失、制度建设缺失和评价体系缺失。

(三)教师专业发展

国外学者对教师专业发展的界定主要有三种:一是认为教师专业发展是教师的专业成长过程;二是认为教师专业发展是促进教师专业成长的过程,即教师教育的过程;三是认为教师专业发展既是专业成长过程又是教师教育的过程。

其中,具有代表性的学者古斯基(Guskey,T.R.)认为:"教师专业发展是增进教育者专业知识、技能和态度的过程和活动。"埃里克·霍伊尔(Eric Hoyle)将教师专业发展定义为:"教师在教学职业生涯的每一阶段掌握良好

[①] 胡中晓.中小学女性教师职业高原现状研究——以X省Y市为例[D].成都:四川师范大学,2016:4-5.

的专业实践所必备的知识和技能的过程。"艾伦·格拉特霍恩(Allan Glatthom)将教师专业发展定义为："教师由于经验的增加和对教学系统的审视而获得的专业成长。"迈克尔·富兰(Micheal Fullan)和安迪·哈格里夫斯(Andy Hargreaves)认为，教师专业发展既指教师通过在职教育或培训而获得的特定方面的提升，也指教师在目标意识、教学技能以及与同事的合作能力等方面的全面进步。斯帕克斯(Sparks)等认为，教师专业发展是指为使教育者改进学生的学习，而借以提升教育者之专业知识、技能与态度的过程和活动。[1]威迪恩(Wideen)认为："教师专业发展有五层含义：协助教师改进教学技巧的训练；学校改革整体活动，以促进个人最大成长，营造良好的气氛，提高学习效果；是一种成人教育，增进教师对其工作和活动的了解，不只是停留在提高教学成果上；是利用最新的教学成效的研究，以改进学校教育的一种手段；专业发展本身就是一种目的，协助教师在受尊敬的、受支持的、积极的气氛中，促进个人的专业成长。"[2]戴(Day)综合诸多有代表性的学者的观点，指出"教师专业发展包含所有自然的学习经验和有意识组织的各种活动，这些经验和活动直接或间接地让个体、团体或学校得益，进而提高课堂教学质量"[3]。

对于教师专业发展，国内的研究也相当丰富，国内众多学者也对此做了详细的界定。如陈永明认为：教师的专业化是个体不断社会化的过程，教师的态度、价值观、知识技能、专业精神以及种种行为表现无时无刻不在反馈、调整、接受挑战，表现出与职业发展阶段相适的教学态度和角色行为，构成一个动态发展的终生历程。[4]崔允漷认为："教师专业发展主要是指教师专业能力或者专业性的提升。"[5]《教师专业化的理论与实践(2)版》指出：从本质上说，教师专业发展是教师个体专业不断发展的历程，是教师不断接受新

---

[1] Guskey Thomas R..Evaluating professional development[M].California:Corwin press,2000:16.
[2] 董银银.中小学教师专业发展的自主性研究——以中部某省部分中小学教师为研究样本[D].开封:河南大学,2009:6.
[3] 张利华.校长如何支持教师专业发展——基于南京市S初中的实地研究[D].南京:南京师范大学,2017:5.
[4] 陈永明.现代教师论[M].上海:上海教育出版社,1999:188.
[5] 崔允漷.学校本位教师专业发展：框架及其意义[J].教育发展研究,2011(18):68.

知识,增长专业能力的过程。教师要成为一个成熟的专业人员,需要通过不断的学习与探究历程来拓展其专业内涵,提高专业水平,从而达到专业成熟的境界。[1]叶澜教授认为应把教师专业发展理解为教师的专业成长或教师内在结构不断更新、演进和丰富的过程。[2]

基于以上众多学者对于教师专业发展的概念界定,本研究将教师专业发展界定为:教师通过不断更新知识,提高专业能力,不断提高、改进和完善个体素养的过程。

(四)教师专业自主发展

专业自主发展又称"内驱式专业发展"或者"自主专业发展"。"教师专业发展的自主性是教师专业发展的本质",国内外许多学者对教师专业自主发展进行了深入研究,有学者认为"有自主性的教师明确知道何时何地、为何及如何在教学实践中有意识地学习教学技能"。学者克朗顿(P. Cranton)认为"具有个体自主、自我管理、自我监控和自学自修的特征,其实质就是教师专业的自主发展"。研究学者张典兵认为"教师专业自主发展属于一种内源性的发展,它注重教师在专业发展过程中的自主性,强调专业发展过程中教师的自主意识、自主规划、自主能力、自主管理和自主更新"。叶澜教授认为教师专业自主发展是教师在专业发展过程中应能够独立于外在压力,订立适合自己的专业发展目标、计划,选择自己需要的学习内容,而且有意愿和能力将所订目标和计划付诸实施。在此过程中教师表现出一种较强的自主发展意识。[3]

申继亮和姚计海把教师自主专业发展界定为:"教师自主发展是相对于教师的被动的、消极的、规定性的发展而言,它强调教师发展过程中表现出的主动性、自觉性和独立性。具体而言,我们认为教师自主发展是指教师发挥自主性,运用自主策略,在元认知的调控下获得发展的过程,它表现为教师充分发挥主观能动性和激发责任感,积极开发自身潜能,建构性地确定职

---

[1] 教育部师范教育司.教师专业化的理论与实践(2版)[M].北京:人民教育出版社,2003:50.
[2] 叶澜,等. 教师角色与教师发展新探[M].北京:教育科学出版社,2001:226.
[3] 叶澜,等. 教师角色与教师发展新探[M].北京:教育科学出版社,2001:273.

业发展目标，选择职业发展内容、途径和策略，通过自我监控、评价和反思等方式，自觉主动地调节和引导自己的教育教学方面的动机、认知和行为方式，从而获得发展。"[1]姚安娣则认为："教师专业自主发展是指教师具有较强的自我专业发展意识和动力，自觉承担专业发展的主要责任，激励自我更新，通过自主反思、自主专业结构剖析、自主专业发展设计与计划的拟订、自主专业发展计划实施和自主专业发展方向调控等实现自主专业发展和自主更新的目的。"[2]尽管教师自主发展、教师专业自主发展等称谓有所不同，概念界定颇为丰富，但它们的内涵一致，即都强调教师个体在专业发展中的自觉、主动、自律与自控。

基于以上诸多学者对于教师专业自主发展的概念界定，本课题组将教师专业自主发展界定为教师个体根据自身发展的需要，通过在办学理念的影响下开发的课程，突破自我的情感高原，唤醒自我专业自主发展意识；通过在办学理念的影响下构建的教师研修共同体，突破自我技能高原；通过在办学理念的影响下搭建的教师专业自主发展平台，突破自我发展高原，最终实现教师专业自觉、主动的自我发展。

四、文献综述

（一）教师职业高原文献综述

教师作为教育事业发展的中坚力量和学生成长的主要引路人，自身的发展状况对学生的身心发展乃至整个教育事业发展都有着至关重要的作用。近些年来，随着教育改革的不断深化，教师群体也面临着越来越多的挑战。职业高原是指个体在其职业生涯中的某个阶段获得进一步晋升的可能性很小，且在相当长的时期里无法提升的状态。教师职业高原指教师在工作学习过程中的进步并非直线式上升，有时在一定阶段会出现暂时的工作

---

[1] 申继亮，姚计海.心理学视野中的教师专业化发展[J].北京师范大学学报（社会科学版），2004(1)：35.
[2] 姚安娣.促进教师专业自主发展的策略研究[J].中小学教师培训，2007(12)：11.

学习停滞不前的状况。一旦进入"职业高原"期,个体容易对职业生涯出现认同危机,影响个体职业生涯的发展。为了解教师职业高原的研究现状,以"教师职业高原"为主题词,截至2020年,编者在中国知网(CNKI)数据库中采用精确查找进行高级检索,共搜索出169篇文献,剔除征稿启事、会议通知以及相关性不高的文献,共获取163篇有效文献,然后以每篇文章为单位,运用内容分析方法进行分析,以期对教师职业高原研究提供借鉴参考。

1. 教师职业高原研究的可视化分析

(1)教师职业高原研究的时间分布

如图1-1所示:从教师职业高原研究发文量的时间分布中可了解该主题的研究趋势。从2004年到2008年发文量呈现逐年上升的趋势,并于2008年出现第一次小高峰,发文量达到12篇;2010年和2012年再次出现小高峰,发文量分别达到17篇、18篇。

图1-1 教师职业高原研究的发文量的年代走势图

随着我国基础教育的改革和发展,教师专业发展受到普遍关注。在我国实施素质教育和新一轮基础教育课程改革持续推进的大背景下,受到国际上"教师专业化"思潮的影响,教师在推进教育改革中的重要作用受到社会各界的普遍关注。2010年中共中央、国务院颁布的《国家中长期教育改革和发展规划纲要(2010—2020年)》指出:"严格教师资质,提升教师素质,努力造就一支师德高尚、业务精湛、结构合理、充满活力的高素质专业化教师队伍。"随后,为推进教师专业发展,国家又颁布了教师资格证书制度、"国培计划"等一系列政策,教师专业发展由此成为学术界研究的焦点问题。百年大计,教育为本。教育大计,教师为本。虽然学界对教师职业高原的研究从2016年起呈现下降趋势,但教师职业高原现象是教师专业发展中的常见问题,且在高中教师队伍中这一问题尤为突出。因此,高中教师职业高原问题不仅在一线实践中应引起学校的重视,在教育研究中也应备受学界的关注,值得更加深入的探讨。

(2)教师职业高原研究的空间分布

①资源类型分布

如图1-2所示,关于教师职业高原研究的资源类型分布前五名的分别为期刊、硕士论文、中国会议、博士论文和国际会议。其中,期刊占比70.55%,硕士论文占比26.38%,中国会议占比1.84%,博士论文和国际会议占比均为0.61%。从教师职业高原研究的资源类型分布中可看出,期刊占比最高,同时也是硕博论文的研究选题热点。

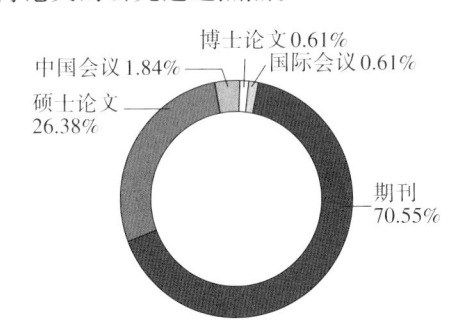

图1-2 教师职业高原研究的资源类型分布示意图

②学科分布

如图1-3所示,关于教师职业高原研究的学科分布,主要分布在社会科学Ⅱ辑、经济与管理科学和哲学与人文科学等学科中。其中,社会科学Ⅱ辑占比79.14%,经济与管理科学占比14.11%,哲学与人文科学占比6.75%。占主导地位的是社会科学Ⅱ辑,说明在该学科中教师职业高原的相关研究呈现优势。

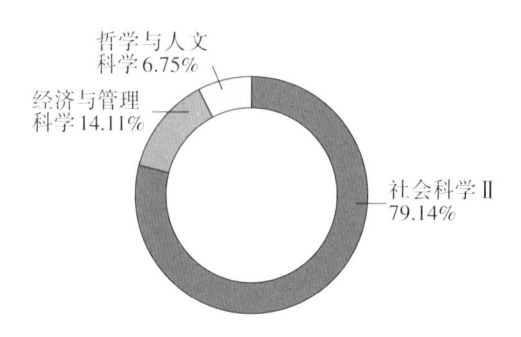

图1-3 教师职业高原研究的学科分布示意图

③成果来源分布

如图1-4所示,关于教师职业高原研究的成果主要分布在《南京师范大学学报》《四川师范大学学报》《河南大学学报》《教育理论与实践》《体育世界(学术版)》等期刊中。从成果来源分布来看,师范类大学学报是该主题研究的主阵地,表明有关教师职业高原的研究多来源于教育教学,而其他的占比都比较低,同时研究较为分散,学者们对此领域研究的发文期刊也较为零散。

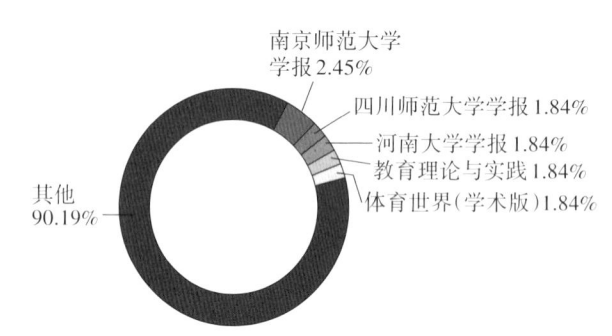

图1-4 教师职业高原研究的成果来源分布示意图

④高被引文章

表1-1 教师职业高原研究的高被引排名前十文章

序号	高被引文章篇名	作者	文献来源	发表年份/年	被引频次/次
1	中小学教师职业认同的阶段发展论	杨玲	教师教育研究	2014	71

续表

序号	高被引文章篇名	作者	文献来源	发表年份/年	被引频次/次
2	教师成长中的"职业高原"现象之有效应对	连榕 张明珠	教育评论	2005	55
3	教师职业高原现象与教师的专业发展	侯秋霞	长春工业大学学报（高教研究版）	2007	40
4	高校教师"职业高原"现象分析与对策	王艳杰	黑龙江高教研究	2007	20
5	重庆地区中学教师职业高原现象成因分析及对策研究	石雪莲	重庆大学	2007	19
6	高校青年体育教师职业生涯高原现状的研究——以北京市高校青年体育教师为例	高峰	北京体育大学学报	2011	18
7	浅谈中等卫校教师的"职业高原"现象	覃庆河	卫生职业教育	2004	18
8	北京市中学青年体育教师职业高原现状与应对策略的研究	梁艳	首都体育学院	2008	15
9	高校教师的职业高原问题探析	李楠	首都经济贸易大学学报	2008	13
10	教师职业高原现象探析	宋智灵	泰山学院学报	2007	13

如表1-1所示，教师职业高原研究的高被引排名前十文章中，学者们有几个关注度较高的焦点：一是对教师职业高原的现象、成因以及对策的分析，十篇文章中，有九篇都涉及以上相关内容；二是从研究对象来看，研究高校教师职业高原的有三篇，主要是《高校教师"职业高原"现象分析与对策》《高校青年体育教师职业生涯高原现状的研究——以北京市高校青年体育教师为例》《高校教师的职业高原问题探析》，中学阶段教师高原的有四篇，分别是《中小学教师职业认同的阶段发展论》《重庆地区中学教师职业高原现象成因分析及对策研究》《浅谈中等卫校教师的"职业高原"现象》《北京市中学青年体育教师职业高原现状与应对策略的研究》，同时还有研究普通教

育教师的,也有研究职业教育教师的;三是从研究方法来看,有理论思辨研究,也有实践调查研究。对于教师职业高原研究非常可贵的是不仅有理论思辨文章,更有访谈、调查等实证研究报告,理论扎根实践,同时理论又更好地指导实践,这也正是教师职业高原研究焕发活力的动力源泉。分析有关"教师职业高原"主题相关研究的前十名高被引文章,可以推测有关该主题的研究大都是围绕相关主题词、研究视角及研究方法来展开的,对后续研究具有一定的参考和借鉴意义。

2.教师职业高原研究的内容分析

关于教师职业高原研究的内容分析,主要从教师职业高原相关概念研究、教师职业高原的表现研究、教师职业高原的成因研究和教师职业高原的对策研究四大方面进行综述。

(1)教师职业高原相关概念研究

①职业高原的概念

国内外大多数学者从晋升、流动、责任和主观知觉等方面,对职业高原做出界定。"高原现象"(plateau phenomenon)是来自心理学的术语,是指在学生动作技能的形成中,练习到一定阶段往往出现进步暂时停顿的现象,它表现为练习曲线保持在一定的水平而不再上升,甚至有所下降。但是,在高原期之后,练习曲线又会上升,即表示练习成绩又可以有所进步。1977年,美国职业心理学家费伦斯(Ference)等人将其引入职业生涯领域的研究中,提出了"职业高原"(career plateau)这一术语,并将其界定为个体在职业生涯的某一阶段晋升的可能性非常小的现象。[1]

随后,维加(Veiga)从职业流动方面拓展了它的含义,认为职业高原是指个体职业的垂直流动(职位晋升)和水平流动(职位转换)的可能性都很小。[2]费尔德曼(Feldman)和韦茨(Weitz)又从责任方面进一步扩充其内涵,

---

[1] Ference T P, Stoner J A, Warren E K. Managing the career plateau[J]. Academy of Management Review, 1977(4):602-612.

[2] Veiga J F. Plateaued versus nonplateaued managers: career patterns, attitudes, and path potential[J]. Academy of Management Journal, 1981(3):566-578.

将职业高原界定为个体在当前或未来的工作中承担更大责任的可能性很小。[1]由于个体在职位不变的情况下可能被赋予更多的责任和职权,也可能职位提升而实际的职权与责任却被削弱,即所谓的"明升暗降"。后来,又有学者强调要从主观知觉角度研究职业高原,而不仅仅从客观指标如年龄、工作任期等衡量职业高原,进一步丰富了其内涵。[2]

②教师职业高原的概念

自从"职业高原"这一概念出现后,它主要被用于分析企业中员工的职业发展问题,然后逐步扩展到政府、学校等的研究中。学校教师的职业高原问题目前国内外学界关注比较少,而且主要还是借用职业高原的相关理论开展研究。1992年,张继安在《中小学管理》上发表《教师能力发展中的高原现象》一文将高原现象概念引入教育领域,从而开始了我国学者对教师职业高原现象的探讨。[3]如有学者将这一概念界定为"教师在当前学校的职业生涯发展中出现的诸如在向学校决策中心位移、专业知识技能提高、职位升迁、职称晋升、荣誉获得等方面的可能性很小或停滞状态",其主要涵盖了内容高原、层级高原、趋中高原和职级高原。

有学者在此基础上做了进一步细化,认为"教师职业高原是教师职业生涯发展过程中的一种停滞期,包括三个方面:第一,在向上运动中,教师很难实现等级、职务、职称的跨越;第二,教师的教学知识、教学能力都达到一定水平,很难获得专业和知识的进一步提高;第三,向学校的决策中心靠近很难,难以承担更大的责任和获得决策权、自主权。教师职业高原包括三个方面:层级高原、内容高原、趋中高原"[4]。职业高原是教师成长过程中的客观现象,主要表现为:教学中常常觉得力不从心,对自己职业的责任和义务缺乏清晰的认识,教学态度也发生明显的变化,教学热情日渐耗尽,缺乏积极

---

[1] Feldman D C, Weitz B A. Career plateaus reconsidered[J]. Journal of Management, 1988(1):69-80.
[2] Georgia T. Chao. Exploration of the conceptualization and measurement of career plateau: a comparative analysis[J]. Journal of Management, 1990(1):181-193.
[3] 张继安.教师能力发展中的高原现象[J].中小学管理,1992(5):16-17.
[4] 胡中晓.中小学女性教师职业高原现状研究——以X省Y市为例[D].成都:四川师范大学,2016:4-5.

性、主动性,得过且过;或对新的教学理念缺乏认同感,不寻求教学创新,满足于以已经获得的基本技能进行单调重复的教学,或无法将新的理念融入自己的教学中。在教学水平、业务技能及科研等方面难以提高,出现了相对停滞阶段,好像很难再上一个台阶。[1]

还有学者认为教师专业发展的高原期是"教师在职业生涯中经过一段时间的拓展与提高,取得一定的成绩后,专业发展水平停滞不前的一个非常时期"[2]。通读文献,还有一些学者在研究教师职业高原现象时并未对其做出明确的界定,往往直接将其视为因各种原因引起的教师专业发展陷入停滞的现象,或是只对现象做描述,分析原因,提出对策。

(2)教师职业高原的表现研究

学界对教师职业高原的表现有着较为丰富的阐述,但比较具有代表性的是滑红霞的《教师职业"高原现象"及其突破策略》和张一楠的《教师职业"高原现象"的表现、成因和应对策略》两篇文章中对教师职业高原现象从专业认同感、专业情感、专业知识和专业动机四个维度的划分。

①专业认同感的缺失

专业成长的认同感是指教师本人对教师这一专业和专业成长的认可程度、对自己的本职工作和同事关系感到是否满意以及对学校各种工作是否投入等。有职业高原现象的教师,对专业的认同感会大幅度降低,通常表现为对教师职业发展的前景感到迷茫,认为自己的工作毫无价值和意义,缺乏工作激情;不愿接受新的工作理念和方法,忽视学生的学习状态,致使教学活动失去活力;对自身的工作环境极度不满,认为自己的努力难以得到领导的赏识和认可,对于上级领导布置的任务也是消极怠工,或者敷衍了事,缺乏和同事之间的沟通和交流,不愿意和别人进行共同学习及发展探讨。

②专业情感的淡漠

教师的专业情感主要包括两个方面:一是教师对所从事专业的热爱程

---

[1] 连榕,张明珠.教师成长中的"职业高原"现象之有效应对[J].教育评论,2005(3):25.
[2] 林浩亮."高原期"教师专业发展——以教师专业发展学校为平台[J].继续教育研究,2014(1):87.

度,二是教师在教育教学活动中表现出来的对学生的爱心、耐心、责任心等情感。教师职业的特殊性体现在教师对教育对象所表现出来的关爱情感。托尔斯泰(Tolstoy)曾经说过:"如果一个教师把热爱事业和热爱学生结合起来,他就是一个完美的教师。"只有关爱学生的教师,才能全身心地投入教育教学活动中,才能不断地提高自身的专业素养。而出现职业高原现象的教师,有的忽视学生的成长变化,有的将学生视为工厂中的生产零件,忽视学生的个性,并把"教育不是万能的"无限扩大。这个阶段的教师只是被动完成最基本的工作,更有甚者,将工作注意力转向了教学之外的其他事物上。

③ 专业知识的桎梏

各类教师专业标准中都提到了专业核心知识,主要包括教育知识、学科知识、学科教学知识及通识知识。因此,教师需要不断学习、不断充实和完善自身的知识体系。因为处于职业高原期的教师,在课堂教学中仅仅是为了完成基本的教学任务,所以他们不再悉心研究教材内容和教学对象,对学习新的教学理念和教学知识不再那么充满热情,不再对自己的课堂"百般挑剔",不再崇拜自己的"师父"与"偶像",表现出职业倦怠,致使课堂教学"年年岁岁花相似"。有的教师虽然意识到自己的"停滞"现象,但又苦于缺乏引领,加之教学负担重,自身的精力和能力有限,无法将新的理念融入原有的知识体系中,不能进行专业知识的重新构建与创新,甚至出现了"穿新鞋,走老路"的现象。

④ 专业动机的下降

动机是一个人在工作和学习过程中想要达到某种目的的内部动因,是激励个体积极工作和学习的心理机制。积极的工作动机会促进一个人的职业发展,工作动机下降的人会在工作中停滞不前,故步自封。专业成长的动机是教师作为专业人员,对自己进步和自身能力提升的强烈的感情需求。专业成长动机较强的教师,在日常教育教学活动中,表现出认真的工作态度,积极地参加各种培训,对课堂教学充满热情,及时反思教学问题,对职业发展充满希望。而出现职业高原现象的教师,对待工作毫无激情,每天只是疲于应付、重复劳动,在教学中找不到专业发展方向,甚至会产生转行的想法,逐渐失去了自身的教育理想,对自身目前的工作状态极度不满,缺乏成长进步的动机,每天都是例行公事般地完成自己的教学任务,甚至有"跳槽"的念头。

(3)教师职业高原的成因研究

关于教师职业生涯阶段职业高原期的成因分析,学术界的研究和讨论也颇为丰富。教师职业高原的成因研究是在职业高原成因研究的基础上发展而来的。最早提出"职业高原"这一概念的学者费伦斯(Ference)将其成因归结为个人因素(个人能力有限和晋升动机缺乏)和组织因素(组织不能提供晋升空间)。[①]其后,有学者在此基础上将职业高原的成因进一步细化为两种因素,"个人因素主要有员工的能力与技术、个体的需要与价值观、压力、内部动机等,组织因素则主要有外部动机和组织成长等方面的因素"[②]。也有学者将职业高原成因分析的范围进一步扩大为个人因素、家庭因素和组织因素,"个人因素主要有年龄、受教育程度、人格特质、晋升愿望、上级的绩效评价、工作投入度、管理幅度等";"家庭因素主要有家庭满意度、家庭规模、配偶工作状况、个人家庭负担等";"组织因素主要有组织结构特征、员工职业发展路径等"。[③]

宋智灵将教师职业高原的成因归纳为以下四点:

一是教育教学的发展在速发阶段得不到强化改进。职业理念、价值取向、教学技艺等不能进行全方位优化;不能通过不断学习、回归进修、继续教育的形式摆脱原教育文化环境、现实利害关系、心理定式、功能固着、动力定型、习惯行为等方面的束缚;新旧教育教学活动结构无法交替,致使自己的职业水平在垂直层面上停顿,甚至倒退。

---

① Ference T P, Stoner J A, Warren E K. Managing the career plateau[J]. Academy of Management Review,1977,2(4):602-612.
② Feldman, D.C., & Weitz, B.A. Career plateaus in the sales force: Understanding and removing blockages to employee growth[J]. Journal of personal selling & sales management,1988,8(3):23-32.
③ Tremblay, M., & Roger, A. Individual, familial and organizational determinants career plateau: an empirical study of the determinants of objective career plateau in a population of Canadian manager[J]. Group & Organization management,1993,18(4):411-425.

二是缺乏进修培训。由于学校教学任务较繁重,一些新教师并未进行教学实践就走上讲台,有的甚至专业并不对口,因而不能有效掌握教学过程,影响教师能力的发挥。学校在应对繁重的教学任务时,没有把教师的岗前培训和继续教育纳入教学常规管理工作计划之内,没有设立专项培训经费。对学校内的教师来说,走出去学习的机会较少,使教师的知识得不到更新,造成自身晋升能力缺乏,增加了教师发展的难度,导致"职业高原"现象的发生。

三是教师的需要得不到满足,产生心理挫折。由于各种障碍致使心理需要不能满足时所产生的情绪状态称为心理挫折。引起教师心理挫折的原因有社会因素、学校因素和个人因素。教师的心理挫折大部分是由学校因素造成的,如校内管理制度不公正、不稳定,领导作风不民主、用人不能尽其才,同事间人际关系紧张,等等,都会使教师产生心理挫折,具体表现为消极悲观、灰心丧气、随波逐流等。不少学校由于缺少激励机制,干好干坏一个样,时间长了就会助长平庸无为的作风,挫伤大多数人的积极性,使他们丧失主动进取的精神。

四是社会各界对教师的高期望,学校领导交给教师的教学任务繁重,部分家长对教师过多苛求,来自同伴群体的职业竞争,基础教育新课程改革的强劲势头,再加上前进道路上的迷茫和困惑,给教师造成巨大的心理压力和过重的精神负担,使他们感到疲惫、厌烦并痛苦地徘徊在原地而不能自拔。[1]

郑友训将教师职业高原的成因归纳为以下几点:首先是教师在专业成长中的非直线性发展是一条普遍规律,其次是教师在"职业生涯中期"失去进一步发展的热情、动力和可能,再次是教师的社会压力和教学环境的影响,最后是教师自身的人格因素。[2] 叶燕珠、蔡丽红、吴新建、张贤金认为教师陷入职业高原的原因有以下四个方面:"第一,职业倦怠,消极应付";"第

---

[1] 宋智灵.教师职业高原现象探析[J].泰山学院学报,2007(1):110.
[2] 郑友训."高原期":教师专业成长必须逾越的平台[J].当代教育科学,2005(11):32-33.

二,教育理论缺乏,专业发展盲目";"第三,培训实效性欠佳,培养机制不完善";"第四,教科研能力较差,专业发展乏力"。[1]寇冬泉、张大均、黄技从个人主体根源的角度将教师职业高原成因归为:"教师的职业认同感状况是职业生涯高原产生的价值根源";"教师的职业自我觉知水平是职业生涯高原产生的认识根源";"教师的职业发展韧性强弱是职业生涯高原产生的意志根源";"教师个体人格特点是职业生涯高原产生的特质根源"。[2]戴兰芳将原因归纳为个人及家庭、学校、社会等多方面的因素。[3]

由以上论述可知,教师职业高原现象产生的原因主要包括三个方面:社会层面,主要有社会期望高、工作压力大、社会地位低等因素;学校层面,主要有学校组织结构的限制、不良的组织环境氛围、奖惩机制和评价机制不健全、专业发展支持不力等因素;个人层面,主要有人格特质因素、知识结构和能力不足、已有教学经验的束缚、科研能力较弱等因素。

(4)教师职业高原的对策研究

关于职业高原的对策分析主要是从个人和社会层面展开的。许多西方学者对职业高原的应对策略进行了探讨,主要分为个人应对和组织应对两个方面。如,有学者从个人角度提出了静心法、跳房子法、跳槽法和创业法四种应对策略。[4]

有学者则把职业高原的应对策略分为问题应对和情绪应对。问题应对是指直接解决由职业高原现象带来的压力,主要有横向转移、接受新的工作任命、充当年轻雇员的导师、变成技术专家、加入工作项目或团队、从工作任务中而非晋升中获得奖励等;而情绪应对则是处理由职业高原现象带来的不良情绪,既有积极的应对,也有消极的应对,主要有寻求社会支持、主观上不看重晋升、责备组织或直接上级、心理退行、疏离感、敌意、酗酒或药物滥

---

[1] 叶燕珠,蔡丽红,吴新建,张贤金.中小学教师专业发展"高原现象"的成因及对策研究[J].教育评论,2015(3):86-87.
[2] 寇冬泉,张大均,黄技.教师职业生涯高原现象的自我应对[J].教育刊,2008(9):43-44.
[3] 戴兰芳.中小学教师职业高原期的成因及对策[J].湖南第一师范学院学报,2012,12(5):15-16.
[4] Rantze K R, Feller R W. Counseling career-plateaued workers during times of social change[J]. Journal of Employment Counseling, 1985, 22:23-28.

用等。[1]还有学者基于心理咨询的视角,构想了职业咨询、压力管理研讨会、放松技巧训练、与健康有关的讨论会等。[2]还有学者提出了可以采用混沌理论应对职业高原。[3]

学界关于教师职业高原的对策分析主要从个人、学校和社会三个层面进行了阐释。苏虹提出了克服教师职业高原的四个策略:"加强教学技能技巧的训练""重视校本培训及终身教育""大力提倡反思性教学实践""积极开展科研兴教活动"。[4]钱兵、郑友训则从宏观、中观和微观三个层面,提出了解决教师专业发展高原现象问题的对策:"优化的社会心理环境是基础""学校领导的远见卓识是关键""教师的自主实践活动是根本"。[5]

滑红霞提出应对教师职业"高原现象"的有效策略为:在宏观层面,政府应增强主导职能;在中观层面,学校应营造良好的校园环境;在微观层面,教师应发挥主体性。[6]为了应对职业高原现象,应坚持社会、学校和教师三位一体,增强社会职业支持,完善学校晋升通道,调整教师个性价值,促进青年教师科学规划职业生涯、加快专业发展和突破职业局限。[7]教师不断地加强学习,保持乐观的心态,坚定个人职业信念,提高职业认同感;教育主管部门实行岗位管理,制定出更加细化的职称晋升制度;学校要积极创造条件,使优秀教师有国外学习机会。[8]李子建等从教师自身角度提出解决策略:主要有教师改善支持系统、教师自我内驱发展和教师有效教学提升三个方面。[9]

崔玉平、吴颖在《外部支持对中小学成熟型教师职业高原反应的消减作

---

[1] Rotondo D. Individual-difference variables and career-related coping [J]. Journal of Social Psychology, 1999(04):458-471.
[2] Ivancevith J M, Defrank R S. Job loss: An individual level review and model[J]. Journal of Vocational Behavior, 1990,28:1-20.
[3] Duffy J A. The application of Chaos theory to the career-plateaued worker[J]. Journal of Employment Counseling, 2000,37:229-236.
[4] 苏虹.新教师专业成长中的"高原现象"分析与对策[J].现代教育论丛,2003(4):51-53.
[5] 钱兵,郑友训.教师专业成长中"高原现象"的成因及对策[J].继续教育,2004(1):22.
[6] 滑红霞.教师职业"高原现象"及其突破策略[J].教育理论与实践,2016,36(10):49-50.
[7] 陈斌岚,李跃军.地方高校青年教师职业高原现象及应对措施[J].黑龙江高教研究,2016(1):56.
[8] 亢莉.高校英语教师职业高原现象探析[J].教育探索,2010(10):127.
[9] 李子建,蒲永明,梁霞.教师"职业高原期"的成因与迈向卓越教师的策略[J].当代教育与文化,2021,13(1):5.

用——以事业追求为中介的实证研究》一文中提出:当控制了教师个体因素之后,良好的外部支持能有效减轻中小学成熟型教师的职业高原反应;在外部支持对职业高原反应发挥消减作用的过程中,教师自身的事业追求起到部分中介作用;外部支持分为组织支持和家庭支持两个维度,组织支持对减轻教师职业高原反应的贡献相对更大,而教师的事业追求在家庭支持减轻职业高原反应中发挥着更大的中介作用。因此有必要通过增强外部支持力量,激发教师事业追求等措施促进中小学成熟型教师职业高原反应的逐步消减。[①]

综上所述,教师应对职业高原的策略主要可以分为三个层面。社会层面,主要包括优化社会心理环境、加强教师专业化建设、提高教师社会地位等;学校层面,主要包括营造良好的校园环境、重视教师培训及终身教育、建构有效的教师成长激励机制等;个人层面,主要包括正确认识职业高原现象、提高教师科研能力、增强自我效能感等。

(二)教师专业自主发展研究文献综述

苏霍姆林斯基指出:"只有促进自我教育的教育,才是真正的教育。"现今,人们越来越认识到教师在教育中的作用,只有促进教师自身的发展,才能更好地提升学校教育质量,保障教育教学的顺利开展。教师自主发展关系着新课程改革的顺利进行。回顾中外教育史上的几次重大课程改革,不难发现,虽然导致课程改革失败的原因很多,但是教师却是一个十分关键的因素。随着新课改的深入,社会及学校对教师整体素质的提升需求越来越迫切,人们普遍认为教师自主性的发挥是教师专业发展的关键因素。为了解教师专业自主发展的研究现状,以"教师专业自主发展"为主题词,截至2020年,编者在中国知网(CNKI)数据库中采用精确查找进行高级检索,共搜索出160篇文献,剔除征稿启事、会议通知以及相关性不高的文献,共获取

---

① 崔玉平,吴颖.外部支持对中小学成熟型教师职业高原反应的消减作用——以事业追求为中介的实证研究[J].现代教育管理,2020(1):92.

158篇有效文献,然后以每篇文章为单位,运用内容分析方法进行分析,以期对教师职业高原研究提供借鉴参考。

1. 教师专业自主发展研究的可视化分析

(1)教师专业自主发展研究的时间分布

如图1-5所示:从教师专业自主发展研究发文量总体趋势示意图中,可以看出,有关教师专业自主发展研究的最早的文献发表于2004年,随后文献数量呈现逐渐上升的趋势。直到2009年出现第一次小高峰,随后又出现下滑趋势,到2013年达到最高峰值,发表文献18篇,后又出现下滑趋势。原因是2010年《国家中长期教育改革和发展规划纲要(2010—2020年)》指出"高中阶段是学生个性形成、自主发展的关键时期",对学生自主学习、自我管理能力的培养是高中教师的主要任务。随着2012年2月10日,教育部下发"教师〔2012〕1号"文件,开始在全国范围内实行《中学教师专业标准(试行)》,2012—2014年的发文量呈较高产的发展态势,国家教育政策的施行促进了教育实践与理论的发展。

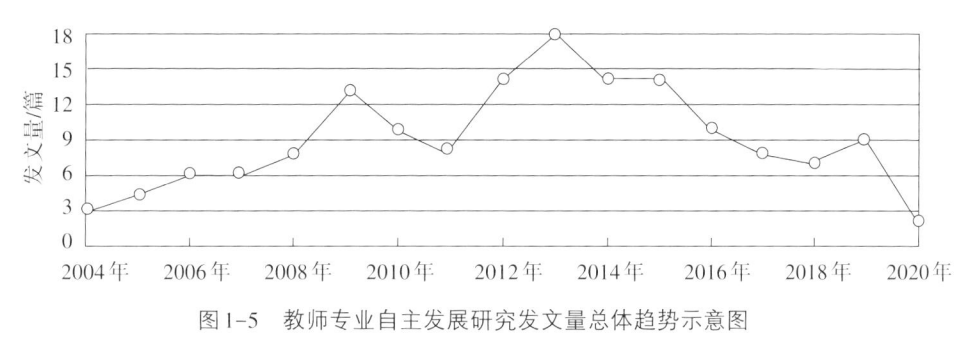

图1-5 教师专业自主发展研究发文量总体趋势示意图

由于国家政策导向,学界对教师专业发展的研究也呈现热门趋势,虽说2014年后研究热度稍有下降,但是随着改革的深入,如果不能转变教育理念、参与教学改革实践,高中教师也会面临被时代淘汰的危机。反之,高中教师在实践中积极反思、主动学习、创新教学方式,把自主发展作为专业发展的主要方式,不仅能紧随时代潮流、提升自身的综合素质、提升自身的待遇,而且能在实践中不断地超越自我、追寻教师职业的意义及人生的价值、获得更高的职业幸福感。因此,教师专业自主发展既是学校实践层面需要关注的问题,也是需要学界深入探讨的研究主题。

(2)教师专业自主发展研究的空间分布

①资源类型分布

如图1-6所示:教师专业自主发展研究的资源类型分布示意图中,主要包括期刊、硕士论文、中国会议和辑刊四种类型。其中,期刊所占的比率为76.88%,硕士论文所占比率为18.75%,中国会议所占比率为3.75%,辑刊所占比率为0.63%。

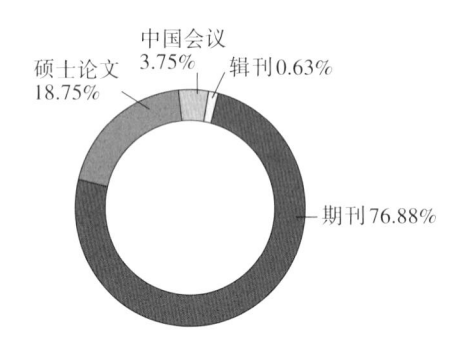

图1-6 教师专业自主发展研究的资源类型分布示意图

②成果来源分布

如图1-7所示:从教师专业自主发展研究的成果来源分布示意图中可知,来源主要为《中国成人教育》《中小学教师培训》《教学与管理》《教育科学论坛》《山东师范大学学报》。其中,排名第一的《中国成人教育》占比为4.38%;其次是《中小学教师培训》和《教学与管理》占比均为3.75%;《教育科学论坛》和《山东师范大学学报》占比都为1.88%。说明有关教师专业自主发展的研究多来源于以上期刊,而占比都比较低,同时研究较为分散,学者们对此领域研究的发文期刊也较为零散。

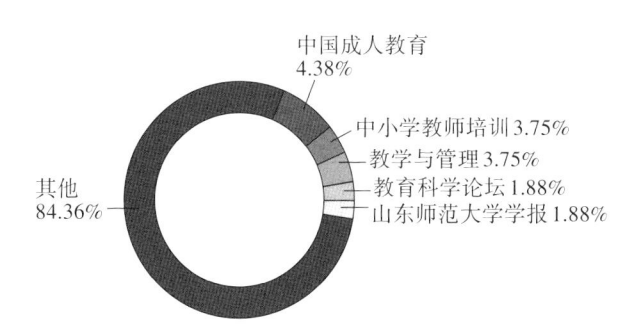

图 1-7 教师专业自主发展研究的成果来源分布示意图

③高被引文章

表 1-2 教师专业自主发展研究的高被引排名前十文章

序号	高被引文章篇名	作者	文献来源	发表年份/年	被引频次/次
1	教师发展阶段研究:从"教师关注"到"教师自主"	姜勇 阎水金	上海教育科研	2006	117
2	教师个体专业发展与教师群体专业发展	钱旭升 靳玉乐	教育科学	2007	112
3	行动研究为什么搁浅了——大学与中小学合作研究的困境与出路	牛瑞雪	课程·教材·教法	2006	109
4	教师专业自主权的解读及实现	吴小贻	教育研究	2006	100
5	中小学教师专业发展的必然选择:自主发展和专业对话	桂建生	当代教育论坛	2003	98
6	从"被发展"到自主发展——教师专业发展的现实挑战与可能对策	汪明帅	教师教育研究	2011	93
7	实现教师专业自主发展的路径探讨	郭元婕 鲍传友	中国教育学刊	2006	86
8	教师自主专业发展问题探究	周密	青海社会科学	2004	81
9	教学自主:教师专业发展的动力	姚计海	中国教育学刊	2009	65
10	教师专业发展:外部驱动与自主发展之间的关系	高光	上海师范大学	2015	65

如上表 1-2 所示,教师专业自主发展研究的高被引排名前十文章中,从发表年份来看,2006 年发表的文献最多,共有 4 篇,占比达 40%,且有三篇排名前五;从研究内容来看,主要的研究内容有教师专业自主发展的问题、困

境、影响因素和动力对策等,如牛瑞雪的《行动研究为什么搁浅了——大学与中小学合作研究的困境与出路》、郭元婕和鲍传友的《实现教师专业自主发展的路径探讨》、周密的《教师自主专业发展问题探究》、姚计海的《教学自主:教师专业发展的动力》和高光的《教师专业发展:外部驱动与自主发展之间的关系》;从研究对象来看,有教师个体和教师群体之分,如钱旭升和靳玉乐的《教师个体专业发展与教师群体专业发展》,但大部分研究的是教师群体;从研究方法来看,有理论思辨的研究,也有实践调查研究。对于教师专业自主发展研究非常可贵的是不仅有理论思辨文章,还有访谈、调查等实证研究报告,理论扎根实践,同时理论又更好地指导实践,这也正是教师专业自主发展研究焕发活力的动力源泉。分析有关"教师专业自主发展"主题相关研究的前十名高被引文章,可以看出有关该主题的研究大都是围绕相关主题词、研究视角及研究方法来展开的,对后续研究具有一定的参考和借鉴意义。

2. 教师专业自主发展研究的内容分析

(1)教师专业自主发展的概念

① 教师专业发展

教师专业发展是当前教育领域经常谈论的一个话题,对于教师专业发展概念的阐释也各有不同。有人从教师群体出发,认为教师专业发展主要是教师群体社会地位的提升;有人从教师个体层面出发,认为教师专业发展主要是教师个体专业素养和能力的提升。但业界更多人认为教师专业发展主要是指教师个体层面上的专业素养和能力的提升。如陈永明认为教师专业发展是个体不断社会化的过程,教师的态度、价值观、知识技能、专业精神以及种种行为表现无时无刻不在反馈、调整、接受挑战,教师要表现出与职业发展阶段相适的教学态度和角色行为,构成一个动态发展的终生历程。[1] 崔允漷认为:"教师专业发展主要是指教师专业能力或者专业性的提升,顾

---

[1] 陈永明.现代教师论[M].上海:上海教育出版社,1999:188.

名思义,教师专业发展活动就是指那些旨在提升教师专业能力的活动机会。"[1]教育部师范教育司组织编写的《教师专业化的理论与实践(2版)》指出,从本质上说,教师专业发展是教师个体专业不断发展的历程,是教师不断接受新知识,增长专业能力的过程。教师要成为一个成熟的专业人员,需要通过不断的学习与探究历程来拓展其专业内涵,提高专业水平,从而达到专业成熟的境界。[2]叶澜教授认为应把教师专业发展理解为教师的专业成长或教师内在专业结构不断更新、演进和丰富的过程。[3]总之,教师专业发展就是强调教师个体素养不断提高、改进和完善的过程。

②教师专业自主发展

对教师专业自主发展概念的界定,国外学者呈现出了不同的观点,具体观点如下:部分学者认为教师专业自主发展是一种能力。如利特尔(Little)将教师自主发展看成一种能力,当教师运用这种能力,并且在教学过程中善于对教育过程的感性认知和实践认知加以控制和反思,才能形成专业自主发展的责任感;[4]史密斯(Smith)认为,教师自主发展就是教师自我学习、自我管理和自我成长的一种潜能。[5]还有学者认为教师专业自主发展是一个持续不断的过程。如布洛(Bullough)曾指出教师专业自主发展不仅是教师超越自我、实现自我的过程,而且也是教师作为主体自觉、积极主动、可持续的构建过程;霍伊尔(Hoyle)认为,"教师专业发展就是指教师在教学职业生涯过程中,教师不断熟悉掌握专业实践应该必备的知识与技能的过程"[6]。

从国外学者对教师专业自主发展的论述中,可以把教师专业自主发展分为三个方面:一是认为教师专业自主发展是一种能力,教师只有运用这种能力才会实现专业的发展。二是认为教师专业自主发展是教师的自我管理、自我监控。教师在发展过程中进行自我指导、自我监控以实现自我更好

---

[1] 崔允漷.学校本位教师专业发展:框架及其意义[J].教育发展研究,2011,33(18):68.
[2] 教育部师范教育司组织.教师专业化的理论与实践(2版)[M].北京:人民教育出版社,2003:50.
[3] 叶澜,等.教师角色与教师发展新探[M].北京:教育科学出版社,2001:226.
[4] 黄海生.中职教师自主专业发展现状调查研究——以河源市为例[D].广州:广州大学,2016:8.
[5] 甘在燕.成长的足迹[D].重庆:西南大学,2012:6.
[6] Hoyle E.Professionalization and deprofessionalization in education[M].London:kogan Page,1908:42.

的发展。三是认为教师专业自主发展是一个过程,这个过程是教师不断超越自我、不断提高的过程。

国内学者也有丰富的研究,金美福认为,教师自主发展是教师个体自觉主动地追求作为教师职业人的人生意义与价值的自我超越方式。叶澜教授是这样描述教师专业自主发展的,教师应能够独立于外在压力,订立适合自己的专业发展目标、计划,选择自己需要的学习内容,而且有意愿和能力将所订目标和计划付诸实施。在此过程中教师表现出一种较为强烈的自主意识。[①]申继亮、姚计海把教师专业自主发展界定为:"教师自主发展是相对于教师的被动的、消极的、规定性的发展而言,它强调教师发展过程中表现出的主动性、自觉性和独立性。具体而言,我们认为教师自主发展是指教师发挥自主性,运用自主策略,在元认知的调控下获得发展的过程,它表现为教师充分发挥主观能动性和激发责任感,积极开发自身潜能,建构性地确定职业发展目标,选择职业发展内容、途径和策略,通过自我监控、评价和反思等方式,自觉主动地调节和引导自己的教育教学方面的动机、认知和行为方式,从而获得发展。"[②]姚安娣认为:"教师专业自主发展是指教师具有较强的自我专业发展意识和动力,自觉承担专业发展的主要责任,激励自我更新,通过自主反思、自主专业结构剖析、自主专业发展设计与计划的拟订、自主专业发展计划实施和自主专业发展方向调控等实现自主专业发展和自主更新的目的。"[③]

综上所述,教师自主发展有以下几个特点:第一,自主发展是教师的主体性逐渐得到体现的过程,教师能够自己决定专业发展的方向,自己制订专业发展计划,并对自己的教学行为及发展行为的后果负责;第二,教师把自己看作学习者,能够意识到自己是发展的主人,自发地学习与研究;第三,自主发展离不开教育实践,需要教师在自己的教学生活中,积累体验,不断提炼学习内容,促进专业提高;第四,自主发展离不开外部环境,丰富多样的、

---

① 叶澜,等. 教师角色与教师发展新探[M].北京:教育科学出版社,2001:273.
② 申继亮,姚计海. 心理学视野中的教师专业化发展[J].北京师范大学学报(社会科学版),2004(1):35.
③ 姚安娣. 促进教师专业自主发展的策略研究[J].中小学教师培训,2007(12):11.

可供教师主动发展的外部环境能够为教师自主发展提供所需的能量,使教师能够得到持续的发展。

教师的专业自主发展强调专业发展的主动性、自觉性和独立性,对自我价值的实现有积极意义。自主是自己指导自己,不受他人的约束。但自主并不排斥与他人合作或接受他人帮助,自主的行为是一种自发自愿、由自己选择并受自我控制的行为。因此,本研究认为教师的专业自主发展是指教师在其专业发展的过程中根据自己的需要制订出适合自己专业发展的目标和计划,选择自己需要学习的内容,由自己来监控自己专业发展的过程,评价自己专业发展的状况,把外在的要求同自己的发展恰当地结合起来。

(2)教师专业自主发展的重要性

钟启泉说过,教育改革的核心环节是课程改革,课程改革的核心环节是课堂改革,课堂改革的核心环节是教师专业发展——这是教育改革的逻辑。教师作为教育活动中的重要组成部分,其质量和水平直接影响着教育质量,影响着教育改革的顺利推行。因此,通过教师专业发展提高教师专业素质变得越来越重要。有学者认为教师专业发展可以分为外部推动的发展和教师自主的发展,而以学校为主体从外部推动的,教师自主要求的很少,这就很难调动教师专业发展的积极性,效果自然不太好。也就是说教师如果缺乏自主专业发展的愿望,徒有高质量的教师培训活动,其专业发展也必定是低效和低水平的。因此教师专业自主发展是教师专业发展的内在驱动力。

(3)教师专业自主发展意识的研究

通过对相关文献的阅读分析,我们可以发现研究者开始逐渐关注教师专业自主发展意识,并认识到教师专业自主发展意识对教师专业发展的重要性。只有当教师具备了自主发展意识,才能够将发展的想法落实到具体的行动中去,才能实现专业发展。

当前对教师专业自主发展意识的研究主要有以下几个方面:叶澜等人认为,专业自主发展意识是教师专业发展的内在主观动力,能够保证教师不断自觉地促进自我专业成长。按照时间,其内容构成至少包括三方面:对自己过去专业发展过程的意识,对自己现在专业发展状态、水平所处阶段的意识以及对自己未来专业发展的规划意识。[1]吴卫东、骆伯巍把教师的专业发展意识按结构划分为:专业自我的意象、自我价值感、职业意识、自我设计。[2]还有学者从教师专业自主发展意识的表现出发,将教师专业自主发展意识分为目标意识、求师结友意识、研究意识、总结反思意识、读书意识。学者卢维兰运用自编教师专业自主发展意识问卷从专业自我意识、自我规划意识、反思意识、研究意识、学习意识等维度调查并结合深度访谈,通过对上海静安五区的六所学校的教师的调查发现:绝大多数的教师具有自主发展意识,但缺少自主发展行为。教师能力、专业自我意识、职业认同、学校文化是影响教师专业自主发展的重要因素,并从提高教师专业自我意识、促进教师职业认同、加强教师培训效果等几个维度来提高教师专业自主发展的意识。[3]

对教师专业自主发展意识的研究,虽然开始成为研究的趋势,但研究的深度和广度还有待深入,只有当教师具备自主专业发展的意识,才会推动其持续不断发展。

(4)教师专业自主发展的影响因素研究

教师的专业自主发展不是受单一因素的影响,而是在多种因素共同影响下的结果。通过对相关文献的阅读分析,我们可以发现国内研究者对教师专业自主发展影响因素的研究,主要是从内部因素和外部因素这两个维度进行分析。

学者在论述影响教师专业自主发展的内部因素时主要是从教师的专业自主发展意识、教师的职业认同感、教师的自我效能感等方面展开。

霍姆斯(Holmes)认为,不完备的教育专业训练,限制了未来教师从事教

---

[1] 叶澜,等.教师角色与教师发展新探[M].北京:教育科学出版社,2001:231.
[2] 吴卫东,骆伯巍.教师的反思能力结构及其培养研究[J].教育评论,2001(5):33.
[3] 卢维兰.中小学教师专业自主发展意识研究[D].上海:华东师范大学,2006:44-56.

学的知识和技能的发展;强调专门的学术性、课程是令人厌倦的课堂讲演,都会导致教师在教学中缺乏灵活性。教师专业培育中的诸多问题,大多可归罪于中学教师自身。英国课程论专家劳顿(Lawton)认为,技术的、教学思想的和教学内容的变化将成为影响教师专业发展的主要因素。[1]

杨馥卿、葛永庆、王京华认为自主发展意识是教师自主发展的前提、必要条件和内在驱动力,意识转化为现实需要通过教师的自主行动和实践。[2]庞丽娟、洪秀敏认为教师自我效能感对教师身心健康、专业承诺、工作动机和教育行为等多方面的发展起着重要作用。[3]吴捷认为教师专业成长的影响因素包含内在因素和外在因素,前者包括职业精神和职业理想、自主意识和自主能力等,后者包括社会环境因素、工作环境因素、教育教学实践中的特定事件等。[4]刘洁认为影响教师专业发展的基本因素分别是社会地位、职业吸引力、教师管理制度等社会因素。[5]有学者认为教师专业发展存在的问题有四个:一是功利性取向曲解了教师专业发展的目的——成名成家;二是教师的被动发展遮蔽了教师专业发展的主体性;三是教师的专业生活剥离了自然生活,对教师自然生活关怀,对教师生命意义的体恤;四是教师专业发展的形式化增加了教师的负担。刘捷认为影响教师专业发展的历史与社会现实的因素主要有两个:一是"教师圣职论",长期以来人们赋予了教师以"神圣光环";二是教师岗位极具流动性。从社会环境的因素来看,王晓莉认为随着工业化进程,教师职业化的过程也正是各国普及教育的过程,然而,在自己的专业领域中,教师逐渐丧失了自主权。教育作为一项公共事业,不断提升教师的资格和素质要求、加强教师问责成为其题中之义。同时,社会化程度提高是教师专业发展的双刃剑。[6]楼世洲、张丽珍认为可从三方面来

---

[1] 刘洁.试析影响教师专业发展的基本因素[J].东北师大学报(哲学社会科学版),2004(6):18.
[2] 杨馥卿,葛永庆,王京华.自主意识、自主行动、自我管理——教师自主发展的必由之路[J].教育探索,2008(10):97.
[3] 庞丽娟,洪秀敏.教师自我效能感:教师自主发展的重要内在动力机制[J].教师教育研究,2005(7):43.
[4] 吴捷.教师专业成长过程及其影响因素研究[J].教育探索,2004(10):118-119.
[5] 刘洁.试析影响教师专业发展的基本因素[J].东北师大学报(哲学社会科学版),2004(6):15.
[6] 王晓莉.教师专业发展的内涵与历史发展[J].教育发展研究,2001,33(18):42.

看教师自主发展:一是从管理体制上看,我国长期采取集权化的、来自于上部的管理体制,教师往往只是被当作人力资源管理的对象,长期被排斥在教育决策之外,无法形成专业自主氛围。二是从教育改革历程来看,诸多的教师专业发展或教育改革方案,都是外来行政人员以及专家学者,采用自上而下的方式决定,教师只能被动地接受。三是从教学实际过程来看,严格的课程计划与教学安排限制了教师,失衡的教学评价制约了教师。教学内容、程序、方法的选择权都不在教师手里,教师成为盲目模仿、机械执行、简单照搬的技师,缺乏教师专业的自主自律。[①]

通过对文献的阅读分析可以发现,国内学者对影响教师自主发展的外部因素分析主要是从学校和社会这两个层面来进行的。陈贤认为,学校的教学氛围与评价制度影响教师的自主专业发展。一个宽容、互利互助的氛围能让教师更加积极主动地投入教学中去,学校合理的评价制度也能促进教师的专业自主发展。学者钟银英利用自编问卷调查发现,社会舆论与家长压力也是影响教师专业自主发展的外部因素之一。综上所述,影响教师发展的外部因素主要有五个方面:一是教师教育体制,二是培养模式,三是发展理论,四是专业自主的组织,五是教师的群体构成等。

对影响教师专业发展因素的研究,目前我国尚处于探索阶段,与国外的研究相比还存在不少的差距。因此,对相关问题的探讨还有待深入。

(5)关于教师专业自主发展的途径研究

国外对促进教师专业自主发展的途径研究,主要集中在美国的"自我指导发展"和英国的"个人专业发展计划"。

美国的"自我指导发展"理论,代表人物是美国"成人学习之父"诺尔斯(Malcolm.S.Knowles),强调教师自己决定自己的学习目标,自主制订学习计划,并能够自主选择行动以促进学习目标达成。英国教师的"个人专业发展计划"指出,教师在教学过程中要自主制订发展计划与发展目标,并将计划和目标付诸行动。在这个过程中教师要勤于反思、善于反思,而支持教师发

[①] 楼世洲,张丽珍.教师专业自主:困境与出路[J].教师教育研究,2007,19(6):6-7.

展的学校要认识到自我发展计划是由教师个人拥有而不是学校强加的。学校要肯定教师工作的成绩,以提高教师的自尊和自信,并且学校要为教师提供一个反思的途径,营造一个良好和谐的教师发展氛围。

国内研究表明,教师自主发展的途径很多,但归纳起来对教师自主发展起主要作用的有反思教学、投身教学研究、阅读理论文献、寻求同伴互助、培养终身学习的观念和行为。

①反思教学

安特奈克(Antonek)等人认为反思是与自我相连的关键要素,没有反思,就没有自我。教师的自我反思是教师自主成长的基础。没有教师对自己成长过程的反思,也就没有教师的自主成长。因此,必须把反思引向教师的自主专业成长。[1]

②投身教学研究

教师的研究是植根于教育过程中,结合教育实践活动而进行的一种特定的"教育教学研究",是教师对教育的思考与探究,其研究目的在于更好地践行新课程理念,在于解决教育过程中遇到的新情况和新问题,在于提高自身的教育教学能力和水平。面对新课程实施对教师提出的挑战,教师不能被动等待别人把研究成果送上门,而应该紧密结合教学实际,立足课堂教学,以研究者的眼光审视并分析教学理论及教学实践中出现的各种问题,积极进行探究,以形成规律性认识,并不断端正自己。

③阅读理论文献

美国学者戈瑞森(D.R.Garrison)认为:在成人教育中,没有任何领域像自我导向性学习那样获得了如此广泛的重视并拥有如此众多的支持者。教师工作虽然需要经验的积累,但更需要理论的指导。因为,没有教育理论指导的教育实践不可能实现教师专业化;教师没有一定的教育理论基础,就难以胜任现代教师的工作;没有教育理论的指导,教学实践活动就只能停留在经验的层面,深入不下去。[2]因此,要多去阅读理论文献资料,加强理论研究。

---

[1] 何锋.自主专业发展:教师专业发展新内涵[J].师资培训研究,2005(3):51.
[2] 阮为文.论农村中学教师自主专业发展[J].胜利油田师范专科学校学报,2005,19(3):27.

④寻求同伴互助

有学者认为,教师必须抛弃单兵作战的工作模式,要组织团队合作学习。某机构的教师们利用每周平均六个小时的交流、讨论时间,来互相交换解决教学中出现的问题,探讨学生的兴趣表现,交流个人文档记录和各种教育问题,共同致力于专业发展。因此,教师应寻求同伴互助,学会如何相互学习,促进自身的专业成长。

⑤培养终身学习的观念和行为

终身教育是社会发展的必然,学会学习则是学习型社会对人类提出的要求。学会学习既是终身教育观念形成的标志,也是终身教育实现的条件,更是教师专业化发展的前提和基础。试想,教师自己都不能学会学习,怎能教育学生学会学习呢?因此,教师应当了解获取新知识的技能、更新思想观念的途径,掌握基本的学习方法、识记策略,具备资料的收集归类、分析综合、判断推理等研究能力就成为必需。[①]

(三)文献评价

1.教师职业高原研究的评价

一是从研究对象来看,笔者所搜索到的文献中,大多是对教师职业高原的阐述,细分后,高校教师为主要研究对象,其次是中小学教师,而专门针对高中教师职业高原的研究较少。即使有,也是针对高中的某一个学科(比如数学、英语、语文、体育等)教师职业高原现象的研究。

二是从研究内容来看,目前学者们对教师职业高原的相关研究成果较为丰硕,但是针对高中教师职业高原影响因素缺乏深入剖析。只有找到原因才能探寻到对策,因此,应呼吁学界加强对高中教师职业高原影响因素的研究。

三是从研究方法来看,关于教师职业高原的研究,学界既有理论思辨的文章,也有访谈调查、问卷调查等实证研究,这也是保障教师职业高原研究快速发展的活力源泉。

[①] 吕安琳.建立健全教师教育机制,促进教师专业化发展[J].教育理论与实践,2006,26(8):34.

四是从研究视角来看,现有的研究多从教育学、社会学、心理学视角切入,期待管理学、经济学等多学科加入对高中教师职业高原的研究。

2.教师专业自主发展研究的评价

综合国内外学者对教师专业自主发展意识的研究可以发现,研究者对于教师专业自主发展意识的研究主要集中在教师专业自主发展意识的内涵、组成结构、影响因素、存在的问题以及改进措施等方面。在理论研究上,目前理论研究尚未成熟,对教师专业自主发展意识内涵的界定还未形成一个体系,因此,今后的研究要将关注点放在使教师专业自主发展意识形成一个统一的研究理论体系上面,并在质量上逐步提高。

在研究方法上,采用以实证研究为主,问卷调查法和访谈法相结合的方法,有学者逐渐采用叙事研究的研究方法,使得研究本身更加关注教师的实际状况;对研究内容的论述大多数采用"问卷调查—数据分析—原因/影响因素分析—解决对策"的研究思路。从分析的结果来看,无论是理论研究还是实证研究,关于提高教师专业自主发展意识对策的研究较多,在具体的对策方面更加侧重于教师本人的做法。

五、研究创新点

通读以往教师专业发展相关研究的文献,发现学界对于教师职业高原与教师专业自主发展之间的关系的研究甚少,大都是单独研究教师职业高原或者教师专业自主发展。因此,本研究将从大量的文献研究和现实调研出发,在已有的研究基础上,借鉴前人对教师职业高原的定义将教师职业高原的概念做更加具体且可操作的界定。教师职业高原主要包括情感高原、技能高原和发展高原三个维度。本研究以办学理念的凝练和实践为契机,研制"普通高中教师职业高原期专业自主发展状况测评量表"(附录3)、"普通高中教师专业自主发展测评量表"(附录4),并在两个测评量表的基础上制作"普通高中教师职业现状调查问卷"(附录1),且对教师进行抽样与定向访谈,进一步探讨影响教师专业发展各因素的关联度;拟从教师情感、专业技能、专业发展三个维度,从个人层面、学校层面以及社会层面对教师职业高原进行分析,从价值引领的视角,借助学校教师研修体系的构建,通过构建课程体系、组建教研共同体以及搭建平台,激发教师自我诊断、自我激励、自我发展、自我实现,最终走向自我完善的教育自觉。

本研究以行动研究为主要研究方法,辅之以文献研究法、问卷调查法与访谈法对教师职业高原以及教师专业自主发展进行有益探索,开展三轮行动研究,即通过开发课程,突破教师情感高原,唤醒教师专业自主发展;通过构建教研共同体,突破教师技能高原,陪伴教师专业自主发展;通过搭建平台,以培育为主,突破教师发展高原,引领教师专业自主发展。

第二章
行动研究设计

一、研究目标

教师是立教之基、兴教之源,因此教师的专业成长对教育发展至关重要。本研究基于学校实际情况和大量调研访谈,发现教师职业高原现象普遍存在,并成为制约教师专业成长的重要因素之一。基于"问题是灵魂,方法是核心"的指导思想,本研究在分析研究国内外相关文献的基础上聚焦高原期教师的主要问题,明确方向、提出假设、研发工具,通过价值引领、校本研修、平台研创等方式开展三轮行动研究,以期突破职业高原期教师专业自主发展的瓶颈,探索促进高原期教师专业自主成长的有效途径。具体目标如下:

(一)科研目标

1.工具研发

在高校专家的指引下,研发职业高原期教师专业自主发展诊断、测量工具,开展广泛深入的调研,回答职业高原期教师专业自主发展的重要性和必要性问题。在调研的基础上,研究教师职业高原的表象及共性特点,并进行诊断和归因,明确行动研究的切入点,为三轮行动研究提供依据。

2.策略研究

综合文献研究、问卷访谈、诊断测量等资料分析,聚焦本校教师在职业高原期中呈现出的比较集中的、突出的问题,以办学理念为统领,精心设计并实施三轮行动方案、前后测对比,最后在总结提炼的基础上,提出改进职业高原期教师专业自主发展的对策和建议。

(二)育人目标

1.发展教师

本研究从办学理念入手,旨在以价值引领激发教师专业自主发展需求,搭建教师专业成长平台,构建教师专业成长的保障机制,促进教师的专业发展,使教师在职业生涯中获得职业幸福感。

2.成就学生

教师发展的根本目的是让学生更好发展,破解职业高原期教师自主发展的瓶颈,消除职业高原期教师带给学生的不良影响,为学生的健康成长和学校的可持续发展提供人力资源保障,促进教育公平与质量提升,实现均衡教育、共同发展的目标。

(三)工作目标

1.研究设计

本研究在分析研究国内外相关文献的基础上明确方向、提出假设、研发工具,通过价值引领唤醒教师的内驱力,优化校本研修,提升教师技能,研创发展平台,精心设计三轮行动方案,确保有效解决教师职业高原问题。

2.实施研究

根据行动方案开展行动研究,实施闭环管理,每轮研究均在对上一轮研究的反思与评价基础上开展,最后总结教师走出职业高原困境的对策和行动建议,进而提炼出具有共性特点的教师专业自主发展策略,为本研究所涉及的学校乃至更大领域的学校提供一套可供借鉴的范式。

二、研究内容

(一)高原期教师的主要特征

通过对教师职业高原现象的相关文献进行梳理、溯源与总结,分析国内外教师职业高原现象研究趋势,为本研究找到理论支撑与突破口,明确本研究的具体方向,为进一步聚焦问题、开展研究夯实基础。

(二)诊断工具的研制和调研分析

在学习借鉴国内外相关研究基础上,结合学校教师专业发展的实际情况,研制"普通高中教师职业现状调查问卷"(附录1)"普通高中教师专业自主发展分类访谈提纲"(附录2),找准教师专业发展的问题,研发"普通高中教师职业高原期专业自主发展状况测评量表"(附录3)"普通高中教师专业自主发展测评量表"(附录4),从教师情感、专业技能、专业发展三个维度进行量化测评,帮助教师明确自己的职业发展现状,在分类研究和分项归因中,挖掘出影响教师专业发展、导致教师产生职业高原现象的各种因素。

(三)行动方案的设计与实施

针对高原期教师的主要问题,即情感危机问题、技能危机问题、发展危机问题,制订有针对性的三轮行动方案,按"目标—计划—行动—评价—反思"的流程开展行动研究、前后测对比,并在前一轮研究的基础上调整新一轮的研究目标及实施策略,实行动态管理、闭环管理。

(四)聚焦三大问题的突破策略

本课题是贵州省首批名校长工作室课题,本研究在三轮行动研究的基础上,依托课程研发、研修共同体创建、平台搭建等路径,以办学理念为统领,分析并找到教师职业高原期情感高原、技能高原、发展高原三大问题的突破口,提炼具有较强操作性的、能解决共性问题的突破策略,帮助教师走出职业高原困境。

三、研究重点

(一)研制问卷及量表

问题是行动的指南,本研究在用"普通高中教师职业现状调查问卷"(附录1)和"普通高中教师专业自主发展分类访谈提纲"(附录2)进行调研的基础上,初步得到不同类别的教师职业高原归因,从教师情感、专业技能、专业发展三个维度研制"普通高中教师职业高原期专业自主发展状况测评量表"。这是本研究的起点,也是重点。

(二)科学诊断及分析

分析调研数据和资料,开展跟踪访谈,深度分析教师职业高原的现象、成因及影响,形成研究成果"普通高中教师专业发展水平对标对表自我检测表"(附录5),帮助教师判断自身职业发展现状,消除对自身发展阶段不清、问题不明、目标不定的现象,为学校层面发现问题、研究问题、制订行动计划提供依据。

(三)设计行动方案

行动方案是研究的载体,行动方案是否科学可行,方案之间是否具有逻辑和赓续关系是研究成败的关键。因此三轮行动的目标设置、实施路径、总结反思既是一个联动的整体,又是具有承接关系的单个独立过程。行动方案的设计要聚焦办学理念、价值引领,凸显教师专业自主发展,尤其是高原期教师专业自主发展的机制、载体、评价,为学校改进策略提供实践依据。

四、研究难点

(一)测试量表的研制

在调查问卷、分类访谈的基础上,研制有针对性的"普通高中教师职业高原期专业自主发展状况测评量表"(附录3)、"普通高中教师专业发展水平对标对表自我检测表"(附录5)是本研究的难点,不仅需要大量的数据和案例做基础,更需要专业的团队提供技术保障,以确保量表的信度和效度。为此,我们专门聘请了贵州师范大学的教授团队给予指导、把关。

(二)突破策略的提炼

行动研究本身就有理念落地、结合实际的难点,而高原期教师专业自主发展也是教师队伍建设中的深水区,因此聚焦教师高原期专业自主发展的突破策略研究,既是重点,也是难点。

五、研究思路

(一)理念指引、问题导向

以高原期教师专业自主发展的问题为核心,用"教育:唤醒·陪伴·引领"的办学理念统领研究的方法路径,强调价值导向、专家引领、同伴互助、自我反思,从厚植教育情怀、强化教育担当、培育"四有三者"好老师入手,通过研修课程的开发、研修共同体和成长平台的搭建助力教师走出低谷,陪伴其成长、引领其发展。本研究的终极目标是为教育发展夯实人才基础,成就学生,发展教师。

(二)调研先行、诊断跟进

工具的研制是本研究的基础,也是前后测对比的抓手。本研究的第一要事就是工具的研制和使用,然后在调查研究的基础上做深度分析,并及时反馈,为行动研究提供支撑。

(三)行动研究、总结提炼

本研究拟定实施三轮行动研究,每一轮结束后进行评价与反思,次轮研究前,进行方案调整,然后再行推进,以确保达成研究目标。三轮行动有序推进、闭环管理,呈螺旋式上升。过程中注重评价与反思,并在此基础上总结提炼,形成突破策略。

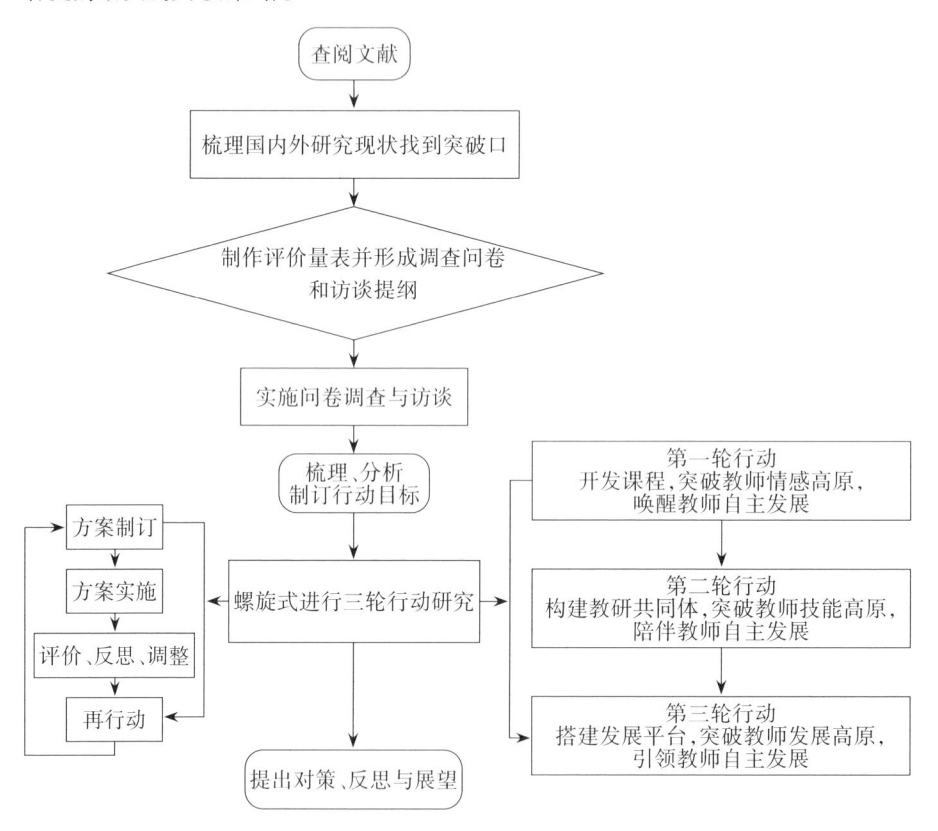

图 2-1 研究思路

六、研究方法

(一)主要研究方法

为解决职业高原期教师情感高原、技能高原和发展高原三个问题,本研究主要采用行动研究法。每一轮行动均按"目标—计划—行动—评价—反思"的研究思路进行设计,并在前一轮的基础上调整行动目标和任务安排。通过问卷调查,分析行动前后的数据变化,得出结论,深入探讨,以期找到以办学理念促进高原期教师专业自主发展的对策,从而有效促进职业高原期教师的专业自主发展。

(二)其他辅助研究方法

1.文献研究法

采用文献研究法,查阅、整理、分析相关研究资料,参考或应用已有的研究成果,寻求在学习力、唤醒教育、主动发展等理论或实践层面上的创新点;查阅有关职业高原期、教师专业自主发展、办学理念等方面的文献资料,探索职业高原期教师专业自主发展的影响因素,实现对以办学理念促进职业高原期教师专业自主发展的思路、策略、模式的整体把握。

2.问卷调查法

首先通过科学有效的问题设计,制作量表,形成问卷,并对贵州省27所学校共3456人实施问卷调查,了解教师专业自主发展的现状及职业高原期教师专业自主发展的状况,通过调查获取各因素的关联性和重要性程度,为后面进行行动研究的目标设定及实施行动研究做数据支撑。

3.访谈法

采取访谈法,以口头谈话的方式收集研究资料。本研究依据反复打磨设计的访谈提纲,对26名教师进行抽样访谈、55名教师进行定向访谈,就"您的职业规划是什么?最大的愿望是什么?有什么具体的设想和规划?

如果没有,原因是什么?"等问题进行了访谈交流,并对访谈记录进行梳理,结合调查问卷得出较为完善的教师职业高原现象的表现及成因。

七、研究对象

(一)研究对象

贵阳市示范性高中两所、贵阳市(县级市)区域内的高中、铜仁市某高中部分教师。

(二)研究者和合作者

研究者:贵阳市第二中学的高中教师。

合作者:教育部校长培训中心、贵州师范大学、贵州师范学院等教育学方面的专家学者。

八、前期调查

前期调查以问卷调查法为主,以访谈法为辅。本次研究通过科学有效的问题设计,制作量表,形成问卷,并对贵州省27所学校共3456名的在职教师进行现状调查,了解教师专业自主发展的现状及职业高原期教师专业自主发展状况,通过调查获取各因素的关联性和重要性程度,为后面进行行动研究的目标设定及实施行动研究做数据支撑。同时采取访谈法,抽样访谈10名教师。通过问卷调查及访谈收集研究资料,分析职业高原期教师专业自主发展的现状及成因。

(一)量表及调查问卷

调查问卷以量表为基础,分为研究对象个人基本信息和测评两个部分,个人信息包括性别、年龄、学历、教龄、所在学校类型、职称、荣誉和任教学科等,测评部分共25道题。(见附录1)

然后，通过一对一访谈高中教师，深入了解职业高原期教师专业自主发展现状及专业自主发展过程中存在的问题，对其专业自主发展造成重要影响的因素，以及其专业自主发展的需求。(谈访提纲见附录2)

(二)问卷试测与信效度检验

本次问卷试测对象共100人，在试测过程中认真收集试测人员对该问卷的意见和建议，对试测获得的数据信息加以分析，然后对问卷进行修改，最终形成正式问卷。

回收的问卷数据主要采用SPSS21.0进行统计分析，主要的统计分析方法有信度效度检验、描述性统计分析、独立样本检验、回归分析等分析方法。问卷Alpha信度系数为0.89，问卷信度良好。运用主成分分析和各维度间的相关分析，问卷结构效度良好。

(三)前期调查结果

1.问卷调查对象基本情况

被调查的3456名教师，其中男性教师1751人，女性教师1705人，男女比例比较均衡。其年龄情况：25岁及以下的共159人、26—35岁的共1361人、36—45岁的共1175人、46岁及以上的共761人。其学历情况：研究生(硕、博)218人、本科3150人、大专79人以及其他9人。其教龄情况：5年以下的共522人、5—10年的共975人、11—15年的共516人、16—20年的共528人、21年及以上的共915人。所在学校类型：一类示范高中137人、二类示范高中767人、三类示范高中421人、普通高中1606人、市级高中117人、区县高中408人。职称情况：正高级21人、高级965人、中级1474人、初级726人、未定级270人。任教学科情况：①语、数、外1556人，②物、化、生833人，③政、史、地612人，④音、体、美296人，⑤信息技术、通用技术、综合实践145人，⑥心理健康及其他88人(存在一人担任多个学科的情况)。荣誉称号：特级教师19人、省级名校长/名师22人、省级骨干65人、市级名校长/名师/名班主任65人、市级骨干261人、市级学科带头人25人、市级创新型人才10人、市级教坛新秀85人、其他3036人(存在一人有多个荣誉称号的情况)。

2. 问卷调查中教师在学校工作中可能面临的情况

(1)我对工作逐渐失去了激情

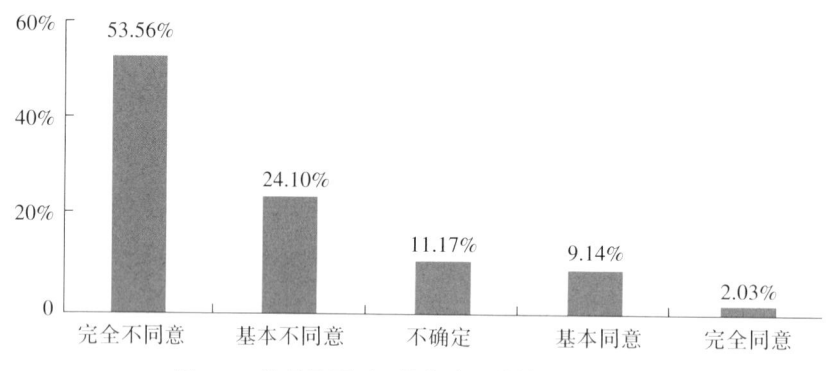

图2-2 教师是否对工作失去了激情的调查统计

如图2-2所示,在了解教师是否对工作失去了激情的结果统计中,53.56%的人选择完全不同意,24.10%的人选择基本不同意,11.17%的人选择不确定,9.14%的人选择基本同意,2.03%的人选择完全同意。总体来看,77.66%的人不认为自己对工作失去了激情,而有11.17%的人认为自己对工作失去了激情。

(2)工作中我不想承担责任

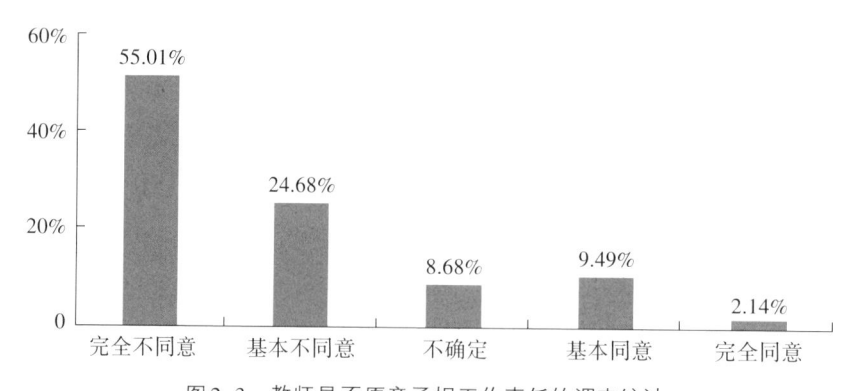

图2-3 教师是否愿意承担工作责任的调查统计

如图2-3所示,在教师是否愿意承担工作责任的调查统计中,有55.01%的人选择完全不同意,24.68%的人选择基本不同意,8.68%选择不确定,9.49%的人选择基本同意,还有2.14%的人选择完全同意。总而言之,有11.63%的教师同意在工作中不想承担责任,说明部分教师出现责任意识淡薄的情况。

(3)我觉得在学校进一步晋升的空间非常有限

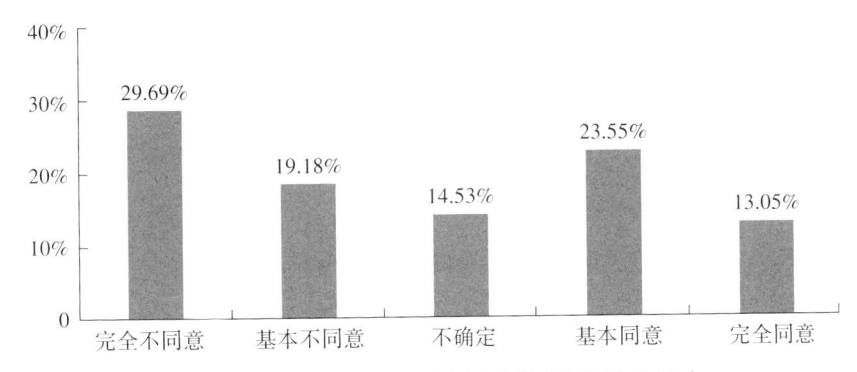

图2-4 教师是否认为晋升空间非常有限的调查统计

如图2-4所示,在教师是否认为晋升空间非常有限的调查统计结果中,29.69%的人选择完全不同意,19.18%的人选择基本不同意,14.53%的人选择不确定,23.55%的人选择基本同意,还有13.05%的人选择完全同意。总体观之,36.60%的人认为在学校进一步晋升的空间非常有限。

(4)我感觉在职称上晋级晋岗的可能性很小

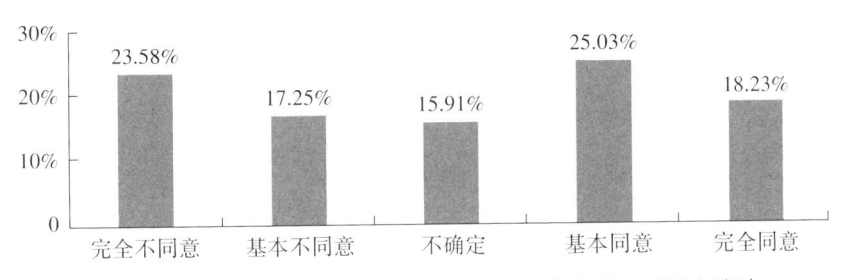

图2-5 教师是否认为在职称上晋级晋岗的可能性很小的调查统计

如图2-5所示,在教师是否认为在职称上晋级晋岗的可能性很小的调查统计中,有23.58%的人完全不同意,17.25%的人基本不同意,15.91%的人不确定,25.03%的人基本同意,还有18.23%的人完全同意。总而言之,43.26%的人认为在职称上晋级晋岗的可能性很小。

(5) 我感到自己目前的专业发展处于停滞状态

图 2-6 教师是否认为自己目前的专业发展处于停滞状态的调查统计

如图 2-6 所示,在教师是否认为自己目前的专业发展处于停滞状态的调查统计中,43.23% 的人完全不同意,24.05% 的人基本不同意,11.83% 的人不确定,16.58% 的人基本同意,还有 4.31% 的完全同意。总体来看,有 20.89% 的教师认为自己目前的专业发展处于停滞状态,这种想法会导致他们对工作、对学生失去热情。

(6) 我觉得在教学技能上已到瓶颈

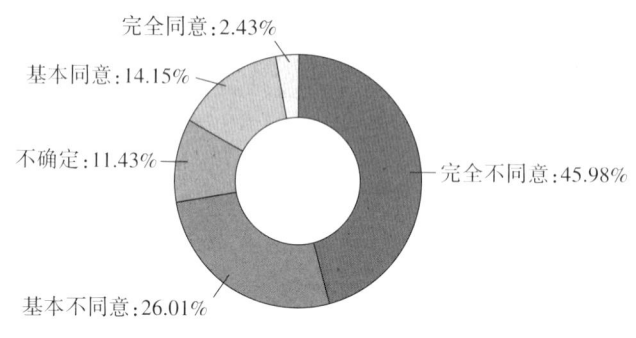

图 2-7 教师是否认为自己的教学技能已到瓶颈的调查统计

如图 2-7 所示,在教师是否认为自己的教学技能已到瓶颈的调查统计中,45.98% 的人完全不同意,26.01% 的人基本不同意,11.34% 的人不确定,14.15% 的人基本同意,还有 2.43% 的人完全同意。有 16.58% 的教师认为自己在教学技能上已到瓶颈。

(7) 我觉得我的教学水平已到达了顶峰

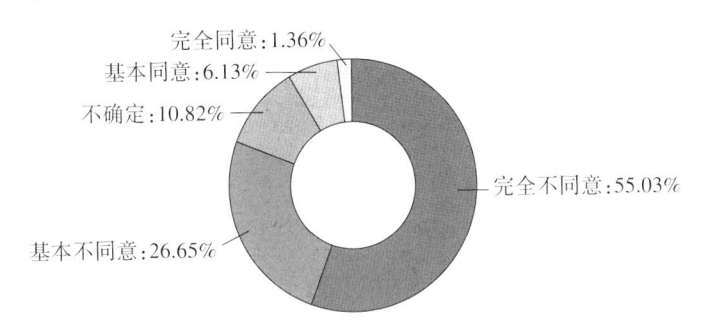

图 2-8　教师是否认为自己的教学水平已到达了顶峰的调查统计

如图 2-8 所示,在教师是否认为自己的教学水平已到达了顶峰的调查统计中,55.03% 的人完全不同意,26.65% 的人基本不同意,10.82% 的人不确定,6.13% 的人基本同意,还有 1.36% 的人完全同意。有 7.49% 的教师认为自己的教学水平已到达了顶峰,教师的这个看法会影响自己的进步和成长。

(8) 我觉得我的教学水平已很难跟上时代

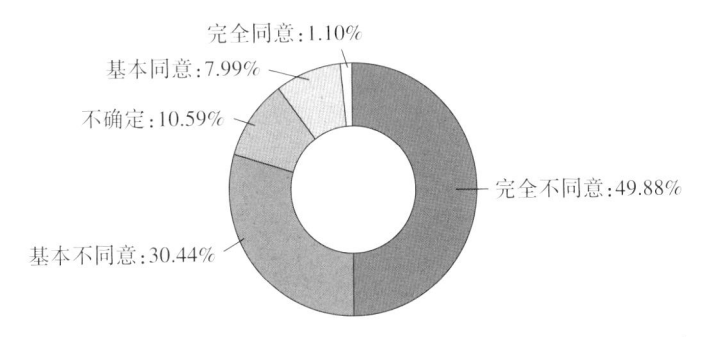

图 2-9　教师是否认为自己的教学水平已很难跟上时代的调查统计

如图 2-9 所示,在教师是否认为自己的教学水平已很难跟上时代的调查统计中,有 49.88% 的人完全不同意,30.44% 的人基本不同意,10.59% 的人不确定,7.99% 的人选择基本同意,还有 1.10% 的人选择完全同意。总体而言,有 9.09% 的教师认为自己的教学水平已很难跟上时代。

(9)我认为教师的专业自主发展很有必要

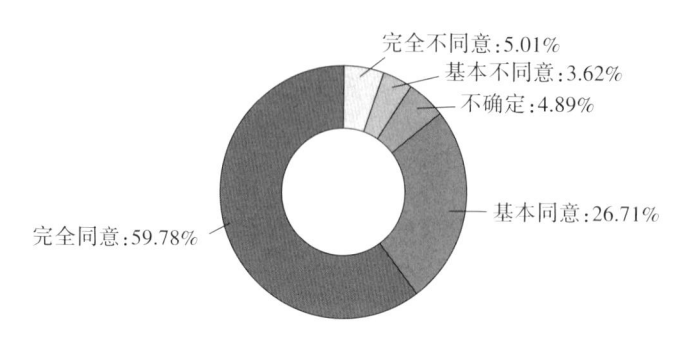

图2-10 教师是否认为专业自主发展很有必要的调查统计

如图2-10所示,在教师是否认为专业自主发展很有必要的调查统计中,有59.78%的人完全同意,26.71%的人基本同意,4.89%的人不确定,3.62%的人基本不同意,还有5.01%的人完全不同意。总体看来,大部分教师认为专业自主发展是非常有必要的,但有13.52%的教师不这么认为或不确定。

(10)我经常主动参与所任教学科的教研或课题研究

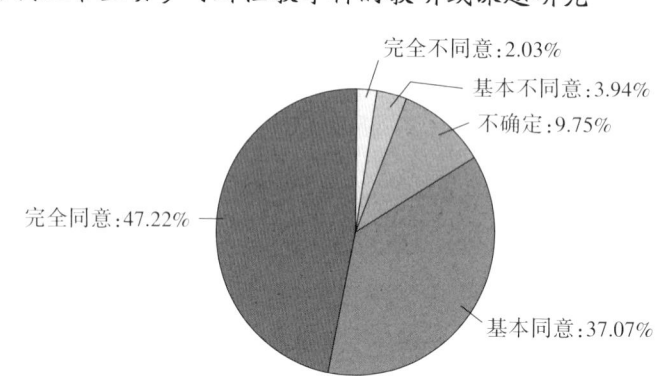

图2-11 教师是否愿意主动参与所任教学科的教研或课题研究的调查统计

如图2-11所示,在教师是否愿意主动参与所任教学科的教研或课题研究的调查统计中,47.22%的人完全同意,37.07%的人基本同意,9.75%的人不确定,3.94%的人基本不同意,2.03%的人完全不同意。从结果来看,15.72%的教师不会或不确定会主动参与教科研。

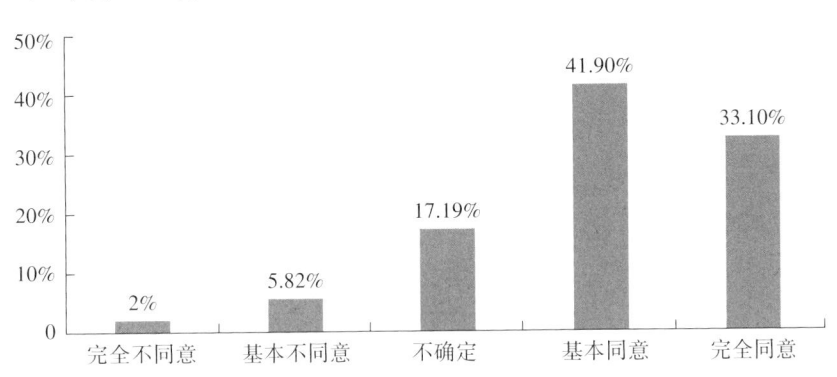

(11)我已经制定了相应的专业发展规划

图2-12 教师是否已制定了相应的专业发展规划的统计

如图2-12所示,在教师是否已制定了相应的专业发展规划的统计中,有33.10%的人完全同意,41.90%的人基本同意,17.19%的人不确定,5.82%的人基本不同意,还有2%的人完全不同意。在这个调查统计中,教师不确定以及不同意的占25.01%,说明部分教师对自己的专业发展还没有制订清晰的规划。

(12)我非常明确自己想要成为哪种类型的教师

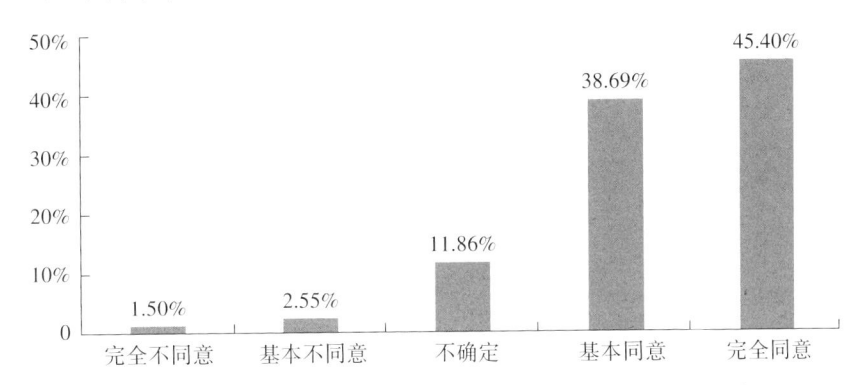

图2-13 教师是否明确自己想要成为什么样的教师的调查统计

如图2-13所示,在教师是否明确自己想要成为什么样的教师的调查统计中,完全同意的有45.40%,基本同意的占38.69%,不确定的占11.86%,基本不同意的占2.55%,完全不同意的占1.50%。从调查结果来看,有15.91%的教师对自己将来会成为怎样的教师不确定或者没有设想。

(13) 每学期开学初,我都会从教学成绩方面主动制订计划

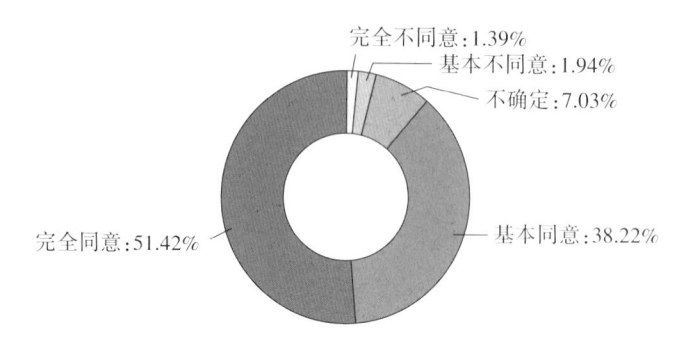

图2-14 每学期开学初,教师是否会从教学成绩方面主动制订计划的调查统计

如上图2-14所示,在每学期开学初,教师是否会从教学成绩方面主动制订计划的调查统计中,完全同意的占51.42%,基本同意的占38.22%,不确定的占7.03%,基本不同意的占1.94%,完全不同意的占1.39%。总之,有10.36%的教师不会或不一定会在每学期开学初从教学成绩方面主动制订计划。

(14) 每学期开学初,我都会从个人发展方面主动制订计划

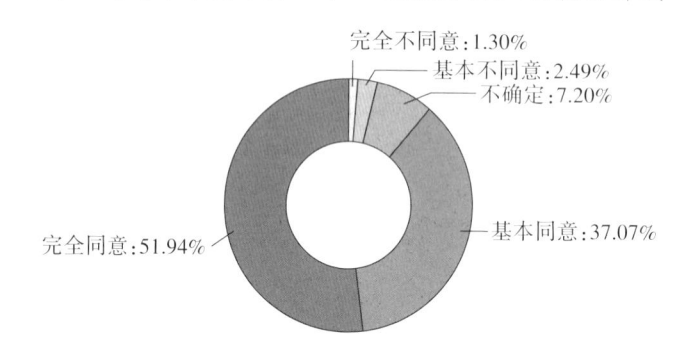

图2-15 每学期开学初,教师是否会从个人发展方面主动制订计划的调查统计

如图2-15所示,在每学期开学初,教师是否会从个人发展方面主动制订计划的调查统计中,完全同意的占51.94%,基本同意的占37.07%,不确定的占7.20%,基本不同意的占2.49%,完全不同意的占1.30%。总而言之,有10.99%的教师不会或不确定会在开学初从个人发展方面主动制订计划。

(15)我相信通过自身努力能够将教育工作做好

完全不同意:1.36%
基本不同意:1.82%
不确定:5.24%
基本同意:28.33%
完全同意:63.25%

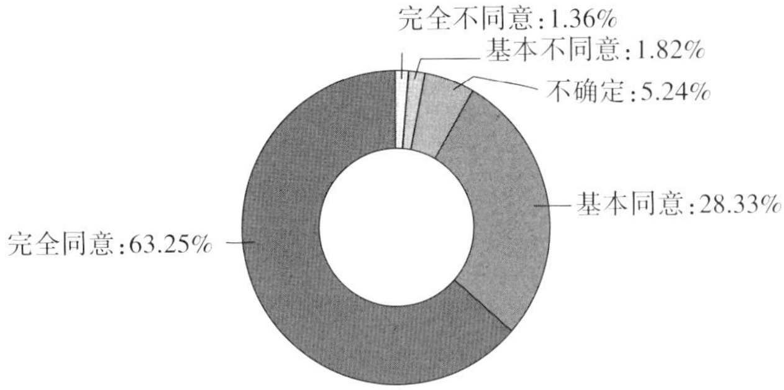

图2-16 教师对教育工作是否有信心的调查统计

如图2-16所示,在教师对教育工作是否有信心的调查统计中,教师相信通过自身努力能够将教育工作做好,完全同意的占63.25%,基本同意的占28.33%,不确定的占5.24%,基本不同意的占1.82%,完全不同意的占1.36%。总之,从调查结果来看,有8.42%的教师对自己不自信,不确定或不相信通过自身努力能够将教育工作做好。

对被调查的教师职业高原专业自主发展现状进行统计分析,结果如表2-1所示:

表2-1 教师职业高原专业自主发展现状

维度	N	M(平均值)	SD(标准差)
职业高原(总)	3456	25.15	9.567
情感高原	3456	26.21	10.711
技能高原	3456	24.46	8.659
发展高原	3456	24.27	9.213
教师专业自主发展	3456	52.25	7.876

从表2-1可以看出,教师职业高原测评平均分为25.15,即中等程度以下,各维度的得分由高到低依次为情感高原、技能高原、发展高原。如图2-17所示:

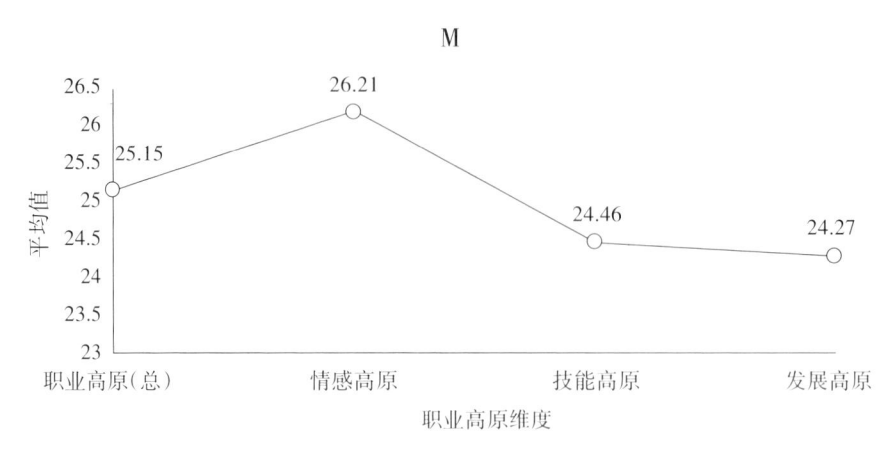

图 2-17 教师职业高原各维度测评平均值

3.访谈调查

采用问卷调查法,了解教师专业自主发展的现状及教师职业高原期专业自主发展的状况,因调查问卷大多通过教育行政部门发放,调查的结果并没有达到理想的、真实的程度,且问卷调查答案相对封闭,被调查者的真实情况可能不在研究者事先列出的封闭式答案范围内,会漏掉许多被访者实际存在的职业高原现状。为了进一步了解教师职业高原期专业自主发展的真实现状,课题组又对部分教师进行了深度访谈。以便收集更丰富的研究资料,再结合问卷调查及访谈结果得出较为完善的教师职业高原现象的表现及成因。

访谈研究的主要目的是,在探寻被访教师的职业高原现状与影响因素的基础上,具体回答教师职业高原现状分为哪几个类型？教师职业高原影响因素有哪些？访谈内容具体见附录2。

共访谈了81名教师,调查样本是采用目的抽样抽取的,尽量抽取不同类型的教师,在抽取的样本中,应考虑性别、年龄、教龄、婚姻、职称等因素。被访教师的基本情况见下表2-2所示：

表2-2 被访谈教师基本情况

被访教师编号	性别	年龄	婚姻	有无孩子	教龄	职称
1	女	25	未婚	无	3	中学二级
2	女	32	已婚	有	8	中学二级
3	女	31	已婚	有	10	中学一级
4	女	31	已婚	有	10	中学一级
5	男	32	未婚	无	11	中学一级
6	女	45	已婚	有	23	中学高级
7	男	39	已婚	有	17	中学高级
8	男	25	未婚	无	3	中学二级
9	男	33	已婚	有	10	中学一级
10	女	37	已婚	无	15	中学一级
11	女	24	未婚	无	2	中学二级
12	女	34	已婚	有	9	中学一级
13	女	30	已婚	有	8	中学一级
14	女	33	已婚	有	11	中学一级
15	男	34	未婚	无	12	中学一级
16	女	43	已婚	有	21	中学高级
17	男	38	已婚	有	16	中学高级
18	男	25	未婚	无	3	中学二级
19	男	31	已婚	有	9	中学一级
20	女	37	已婚	有	14	中学一级
21	女	25	未婚	无	2	中学二级
22	女	32	已婚	有	7	中学一级
23	女	30	已婚	有	8	中学一级
24	女	31	已婚	有	9	中学一级
25	男	42	已婚	有	20	中学高级
26	女	44	已婚	有	23	中学高级
27	男	41	已婚	有	19	中学高级
28	男	27	未婚	无	4	中学二级
29	男	33	已婚	有	11	中学一级
30	女	37	已婚	有	16	中学高级
31	女	28	未婚	无	3	中学二级

续表

被访教师编号	性别	年龄	婚姻	有无孩子	教龄	职称
32	女	34	已婚	有	9	中学一级
33	女	31	已婚	有	9	中学一级
34	女	31	已婚	有	6	中学一级
35	男	30	未婚	无	8	中学一级
36	女	43	已婚	有	21	中学高级
37	男	40	已婚	有	18	中学高级
38	男	24	未婚	无	2	中学二级
39	男	30	已婚	有	5	中学一级
40	女	37	已婚	有	12	中学一级
41	女	41	已婚	有	19	中学一级
42	男	39	已婚	有	17	中学一级
43	男	26	未婚	无	2	中学二级
44	男	31	已婚	有	6	中学一级
45	女	38	已婚	有	16	中学高级
46	女	27	未婚	无	2	中学二级
47	女	35	已婚	有	13	中学一级
48	女	30	已婚	有	7	中学二级
49	女	31	已婚	有	10	中学一级
50	女	32	未婚	无	10	中学一级
51	女	48	已婚	有	26	中学高级
52	男	40	已婚	有	18	中学高级
53	女	25	未婚	无	3	中学二级
54	男	31	已婚	有	10	中学一级
55	女	39	已婚	无	17	中学一级
56	女	25	未婚	无	3	中学二级
57	女	42	已婚	有	20	中学一级
58	女	32	已婚	无	8	中学一级
59	女	32	已婚	无	10	中学一级
60	男	35	已婚	无	13	中学一级
61	女	46	已婚	有	24	中学高级

续表

被访教师编号	性别	年龄	婚姻	有无孩子	教龄	职称
62	女	39	已婚	有	17	中学高级
63	女	24	未婚	无	2	中学二级
64	男	31	已婚	有	9	中学一级
64	女	37	已婚	有	15	中学一级
66	女	28	未婚	无	3	中学二级
67	女	32	已婚	有	10	中学一级
68	女	30	未婚	无	8	中学一级
69	女	31	已婚	有	9	中学一级
70	男	42	已婚	有	19	中学高级
71	女	50	已婚	有	28	中学高级
72	男	48	已婚	有	26	中学高级
73	男	26	未婚	无	4	中学二级
74	男	33	已婚	有	11	中学一级
75	女	37	已婚	有	16	中学高级
76	女	28	未婚	无	3	中学二级
77	女	34	已婚	有	9	中学一级
78	女	31	已婚	有	9	中学一级
79	女	31	已婚	有	6	中学一级
80	男	30	未婚	无	8	中学一级
81	男	45	已婚	有	23	中学正高级

访谈主要采用面对面访谈和网络聊天访谈两种形式。课题组对访谈资料做了现状类型分析和影响因素分析。

4.职业高原现状类型分析

在对访谈资料的编码整理中,课题组找到了14个与教师教育信念(价值追求、教育理念)相关的受访者使用的词语,如"幸福感""育人""受尊重""稳定""成长""意义""认可""成就感""无趣""收入""提升""作用""信念""志向";找到了22个受访者使用频率较高的词语,如"失去激情""感到焦虑""无趣""缺乏热情""消极""安于现状""有压力""挫折感""矛盾""照顾家庭""没有自信""调整心态""瓶颈""落差""局限""冲突""欠缺""能力局限""期望""发展""学习""渴望提升"等。用三个概念或主要类属将上述这些概念连接起来,即"情感""能力""发展",这三个概念便构成了教师职业高原的主要表现类型。而在每一个类型的下面,都包含不同的具体内容,比如在"情感"下面有"失去激情""感到焦虑""无趣""缺乏热情""消极""安于现状""挫折感"等。以下是对受访者职业高原现状分四个主要类型做出的具体分析。

①职业高原期表现一:情感高原

职业情感问题是职业高原期现象的一种典型状况。在被访问者中,提到自身出现情感高原情况的有34人,分两种情况:

一是被访者直接具体地表达自己丧失激情、安于现状的情况。

看到单位里许多前辈的现状,对自己未来的工作感到很迷茫,看不到自己未来的发展方向,对很多事情都觉得没有意思,对待交付的工作比较逃避、冷漠,很消极,没有激情。(被访者7)

我现在的工作和生活都比较安稳,对晋升也不抱太多希望,比较安于现状,我的教学能力也比较受到学校和学生的认可,完成好分内的工作,有基本的责任心,对得起学生和自己就好。(被访者16)

二是被访者间接述说自我期待较高,目标较高,要求事情要用合乎自己理想的方式来完成,因而较容易产生挫败的感觉,易对自己工作的绩效和能力产生怀疑,缺乏热情与持续成长追求的劲头。

失去激情谈不上,对工作有敬畏心。但肯定不如刚入职时那样全情投入。压力很大。职称评定和期待之间落差大。(被访者4)

说实话在没遇到打击的时候很有激情,一旦遭遇不如意的时候就像霜打的茄子,尤其是将所有激情投入学生身上,回馈却寥寥无几时,总是会短暂失去激情。压力当然会有,而且还不是一点点,主要表现在教学工作和学生管理上,当教学工作和行政工作冲突的时候,尤其是要准备比赛又要忙着做各种应急资料的时候,就会分身乏术,当学生表现和自己预期相差甚远时,往往会感到焦虑。最大的应该是评定职称的压力,原因是没有机会也没有自信达到条件,目前都是自我排解,心中佛系一点,心理自然就平衡了。(被访者1)

和刚入职比,工作激情确实少了。代的课很多,除此之外还承担了一些其他工作,觉得压力还是比较大的。人事上的压力会有一些,比如评职称、个人发展之类的。我遇到这些问题时,就尽量调整自己的心态,让自己不要太去计较,不要在乎除教学以外的事情,基本上就不会感到什么压力了。(被访者21)

②职业高原期表现二:技能高原

随着学校对教师教育教学、教研能力要求的提升,教师对自我规划的目标和要求也相应提高,但囿于团队支持不力、自身精力不足等因素,教师专业技能的提升比较缓慢。被访问者中,提到自身出现技能高原情况的有15人。

教学方法上始终觉得有欠缺,算是瓶颈吧,解决的话,目前除了不断地学习和参加培训也不知道还有什么别的好方法。一方面是书面学习,多看些教育前沿的书籍;一方面是多听课,跟学校优秀的教师学习。我觉得"新考改"对我们来说既是机遇也是挑战,我们可能要花更多的精力去整合自己的固有思维,去打破常规,所以必然要更加努力。(被访者5)

语文教学的精进遇到了瓶颈,我一般就是通过阅读相关书籍,多在网上看优秀教师的教案等方式解决。(被访者24)

我的规划是3年之内职称往上走一走;最大的愿望是自己能够成为一个有自信、有能力、学生喜欢的好教师。但是感觉身边能够给予我支持的资源很少,教学方面主要还是在靠经验的积累。(被访者39)

③职业高原期表现三:发展高原

对于职称评定、职业成就、职业规划等职业发展问题,被访问者中,提到自身出现发展高原情况的有29人。

有发展的机会,但是不多,和自己同等级别的教师排着队都需要发展,所以机会有限,我希望我们有更多外出学习、培训、教学的机会。(被访者35)

现在处于职业瓶颈期,特别想出去学习,会自己看书和关注最新专业动态,也会向一些有经验的长者请教。既是困难,也是机遇。挑战与机会并存,只有不断更新知识,终身学习,才能立于不败之地。(被访者44)

尽快评职称,向市级优秀靠拢,尽量参加教学比赛和培训,成为名师是我最大的梦想。教学工作要靠前,教育理念要更新,教学情怀要保持,从职称开始,从学生工作开始,从教学成绩开始,从教学研究开始,一步步,慢慢来。不忘初心、牢记使命。(被访者2)

发展机会不是很多,圈子太小,跟外界的接触也较少,一些领导的官僚气息比较重。希望学校可以让我继续进修。(被访者32)

没有什么发展机会。学校缺少教学理念,教研氛围与经济发展同位。没有真正长效扎实的教研活动,教研只是走形式,实际上还是唯分数论。教师成长基本靠个人吧。不寄希望于学校提供平台,只要能允许一定程度的教学自由就可以了。(被访者4)

关于个人的职业发展规划,没有非常清晰的目标和方向,只是希望能在今后的教学过程中不断积累教学经验。(被访者8)

④职业高原期表现四:职业压力及其他

对于家庭矛盾、工作分工、职业病、与学生及家长的关系等,被访问者中,提到自身感到有压力和矛盾冲突的有6人。

工作有时候会和家庭出现矛盾,主要是时间上不够用,没办法两边兼顾,一般都是先做完工作再处理家庭问题,所以有时候会觉得亏欠家人。(被访者24)

没有失去激情,有压力,主要表现在家长沟通、学校要求、学生调皮、政治与教育的矛盾冲突。(被访者41)

与家长沟通问题。家长的教育背景不同,个人素质不同,因此会有一些家长有无理的要求。社会对教师的要求又极高,教师不能过多地管教学生。这些压力没法消除,只能缓解。当工作与家庭出现矛盾,要看轻重缓急,尽量不耽误工作,但本人到目前为止没有出现过这种矛盾。(被访者22)

最大压力来自学校评价体系(唯分数论)。坚守教学阵地自由还挺难。消除压力的办法是自我觉察和接纳吧。目前罕有工作与家庭间的矛盾,如果有,我希望能在工作时间提高效率,下班时间必须回归家庭,哪怕有所牺牲。(被访者37)

工作了这么多年,并没有对工作失去激情,但是有压力很大的时候,一般表现在教学任务和其他工作的一些冲突,具体的克服方法是调整自己的心态,合理运用时间。(被访者5)

工作当中压力最大的就是事情集中在一块,比如说参加比赛、公开课以及备课组相关活动,导致没有时间充分准备。日常教学工作,频繁地挤占生活时间,和家庭最大的矛盾是有时候工作时间过长,没办法很好地对孩子进行照顾。(被访者14)

(四)调查研究中高中教师职业现状存在的高原问题

结合问卷调查及访谈,课题组发现在中学教师群体中不同发展阶段的教师都存在高原现象,处在职业高原期的教师,职业自主发展陷入瓶颈或停滞。当前教师职业高原主要表现在三个方面:一是情感高原,二是技能高原,三是发展高原。

1. 教师职业发展:情感高原

情感高原具体包括职业认同危机、情感认同危机、学生认同危机和自我认同危机。其中教师职业认同危机表现为:一是对教师职业性质的认识偏误,认识不到教师职业的专业性,没有专业发展的向上力;认识不到教师职业是促进学生个体社会化的职业,不注重学生的全面发展;认识不到教师职业角色的多样化,局限于教师即传道授业者。二是对教师职业的社会价值理解不深入,停留在为高一层学校提供生源的层面,而理解不到教师职业的社会价值还在于传承人类文明、为社会进步和人类发展提供精神财富、为国家和社会培养合格的建设者和接班人。三是对教师职业的个人意义理解狭隘,仅仅将其视为谋生手段,理解不到教师的个人价值是通过学生的发展来实现的这一职业特性。

高原期教师情感认同危机表现为:一是胜任感缺失,教师在工作中感受不到能力的成长,无法胜任工作;二是责任感淡化,教师不肯花时间和精力在教育教学工作上;三是对报酬的不认可,认为自己的工作付出没有得到应有的报酬;四是没有满足感,工作时心里不踏实,觉得这份工作是自己的负担,即使完成工作,心中也没有满足感。高原期教师出现了诸如对工作逐渐失去了激情、工作中不想承担太多的责任、对目前的工作只是习惯性应付等现象。究其原因在于高原期教师在工作上找不到进一步提升的空间,失去了再度向上发展的动力与激情。

高原期教师学生认同危机表现为以下几个方面:一是将学生视为工作中的一个符号,缺乏情感的倾注;二是将学生视为自己工作中的困难,面对学生的多样性和鲜活性,自己无能为力;三是将学生视为一个整体,缺乏因材施教的耐性与策略。

高原期教师自我认同危机表现为以下几个方面:一是自卑,认为自己作为一线教师仅仅是一个微不足道的教书匠,薪酬不高,社会地位低;二是自负,认为教育教学工作平台不足以支撑自己的理想;三是自我角色偏离,自我接纳困难,对自己所从事的教师职业持否定态度,甚至不愿自称教师。

2. 教师职业发展:技能高原

技能高原具体表现为出现教学方式困境、课堂管理困境、沟通协调困境和研学反思困境。其中教学方式困境表现为:第一,教师的教学水平很难跟上时代的发展,课堂授课方法单一,依旧使用传统的授课方式;第二,教学技能很难符合学情、符合新高考对教师的要求,不能很好地使用启发式、探究式、讨论式、参与式等多种方式调动学生的积极性、主动性、创造性;第三,不能合理利用教学资源和方法设计教学过程,很难清晰地制订每堂课的教学计划和目标;第四,课堂关系紧张,教师不能很好地在课堂上感受学生的尊重与爱戴,不能营造和谐积极的课堂氛围,使教师陷入教学方式困境进而导致教师自我价值感减弱;第五,学校教研氛围差,培训机会过少,教育理念缺失,学校教师队伍建设意识较差,没有系统的培训课程来提升教师的专业水平等。

课堂管理困境表现为:因教学方式陈旧,课堂管理意识薄弱,教师大多情况下只扮演知识传递者的身份,而忽略了自己的管理者身份,忽略了学情、学生接受的程度、学生课堂的行为变化等,导致课堂无序或氛围压抑。同样地,学生在课堂上的学习积极性不高,会导致教师与学生存在距离感,教师对教学和学生的热情减弱,甚至看到学生会产生烦躁感,面对工作也很难再全身心投入,逐渐对教育教学失去兴趣。

沟通协调困境表现为:第一,对沟通协调的认识不足,认为在教育教学中没有太多沟通的必要,教学中不能与领导和同事进行有效沟通,认为与学校领导及学生沟通也不能解决实际问题,导致出现少沟通甚至不沟通的情况,阻塞了沟通交流渠道,造成与领导、同事、学生关系的紧张;第二,沟通协调效率低下,不能很好地在教育教学活动中对教学活动的各要素关系进行良性调整,完不成教育教学目标;第三,自身的沟通协调能力较弱;第四,沟通协调的渠道窄化,导致教师走入沟通协调的困境。

研学反思困境表现为:第一,不能及时分析与反思自己的教学实践;第二,不能针对教育教学中的问题进行探索与研究;第三,很难静心专注于教育类书籍的阅读与教学研究;第四,不能积极制订短期和长期的专业发展计划;第五,对通过参加专业培训提高自身专业素质的期望减弱,专业自主发展意识减弱;第六,自我反思与自我精进意识逐渐减弱,不能在学习与反思中汲取更多前行向上的力量。

3.教师职业发展:发展高原

根据前测问卷调查以及访谈结果,梳理出职业高原期教师在个人专业自主发展中存在自我诊断缺失、资源平台匮乏、制度建设落后和评价体系单一四大发展高原症状。

自我诊断缺失表现为：第一，教师的自我诊断意识较弱，没有或很少对自我职业发展进行生涯规划，不能正确地认识自我、定位自我、调整自我、提升自我；第二，自我诊断检测系统的缺失，教师缺少自我诊断的量表、检测系统、诊断参照等。

资源平台匮乏表现为：第一，地区、学校客观条件导致的教师专业自主发展所需的设施媒介及成长培训等资源平台的缺失；第二，教师因自我发展的主观意识薄弱而导致资源平台的缺失。

制度建设落后表现为：第一，学校管理制度中，效率主义、功利主义为主导价值导向，不重视教师专业自主发展；第二，教师专业自主发展的制度不完善，对教师自主发展的理解片面化；第三，教师民主参与的缺失以及对教师权利的漠视。

评价体系单一表现为：第一，学校与教师自身评价维度的单一；第二，评价指标体系存在差异，导致评价不公正；第三，评价导向不正确；第四，评价方式不合理；第五，评价制度不完善。

（五）普通高中教师职业高原的归因分析

用双因素相关分析（bivariate correlations）中的皮尔逊相关系数法分析了教师性别、年龄、学历、教龄、婚姻状况、职业高原期、专业自主发展两两之间的相关性，结果如下表2-3所示：

表2-3 教师职业高原影响因素相关性分析

	性别	年龄	学历	教龄	婚姻状况	是否有孩子	职业高原期	专业自主发展
性别	1							
年龄	−0.283**	1						
学历	−0.128**	0.138**	1					
教龄	−0.262**	0.897**	0.184**	1				
婚姻状况	−0.081**	0.408**	0.079**	0.416**	1			

续表

	性别	年龄	学历	教龄	婚姻状况	是否有孩子	职业高原期	专业自主发展
是否有孩子	-0.130**	0.464**	0.085**	0.501**	0.656**	1		
职业高原期	0.003	0.089**	0.019	0.105**	0.068**	0.079**	1	
专业自主发展	-0.009	0.059**	0.016	0.054**	0.014	0.026	-0.407**	1

** 在0.01级别($Sig.$),相关性显著

如表2-3所示,从教师职业高原影响因素的相关性分析中得出以下几点:

(1)职业高原期与教师年龄显著性相关,具有正相关性($P<0.01$),说明年龄的增长会影响职业高原期;(2)职业高原期与教师学历不具有相关性($P>0.05$);(3)职业高原期与教师教龄显著性相关,具有正相关性($P<0.01$);(4)职业高原期与教师婚姻状况,是否有孩子具有相关性;(5)职业高原期与教师专业自主发展显著性相关,具有负相关性($P<0.01$),相关系数为-0.407,相关性紧密,说明教师在注重专业自主发展的时候,职业高原期的情况就会降低。

(备注:相关性只代表两个数据之间具有关联,但不具有因果关系。)

表2-4 教师性别的相关性分析

描述性统计					
	性别	个案数	平均值	标准偏差	标准误差平均值
职业高原期	男	1749	25.12	10.477	0.251
	女	1707	25.18	9.246	0.224
专业自主发展	男	1749	52.32	8.467	0.202
	女	1707	52.18	7.687	0.186

续表

独立样本检验										
		F	显著性	t	自由度	Sig.（双尾）	平均值差值	标准误差差值	差值95%置信区间	
									下限	上限
职业高原期	假定等方差	29.069	0.000	-0.181	3454	0.856	-0.061	0.336	-0.721	0.599
	不假定等方差			-0.182	3419.665	0.856	-0.061	0.336	-0.72	0.598
专业自主发展	假定等方差	11.047	0.001	0.512	3454	0.609	0.141	0.275	-0.399	0.681
	不假定等方差			0.513	3436.134	0.608	0.141	0.275	-0.398	0.68

如上表2-4所示，可知：（1）根据独立样本T检验，职业高原期（P=0.000<0.05，t=-0.181），因此教师性别不同，职业高原期具有显著性差异；（2）根据独立样本T检验，专业自主发展（P=0.001<0.05，t=0.512），因此教师性别不同，专业自主发展同样具有显著性差异；（3）职业高原期女性均值高于男性，专业自主发展男性教师高于女性教师。

表2-5 教师婚姻状况的相关性分析

描述性统计					
	婚姻状况	个案数	平均值	标准偏差	标准误差平均值
专业自主发展	未婚	434	51.39	9.111	0.437
	已婚	2898	52.47	7.808	0.145
职业高原期	未婚	434	23.44	9.245	0.444
	已婚	2898	25.34	9.925	0.184

独立样本检验										
		F	显著性	t	自由度	Sig.（双尾）	平均值差值	标准误差差值	差值95%置信区间	
									下限	上限
专业自主发展	假定等方差	9.95	0.002	-2.625	3330	0.009	-1.079	0.411	-1.886	-0.273

续表

独立样本检验									
		F	显著性	t	自由度	Sig.（双尾）	平均值差值	标准误差差值	差值95%置信区间	
	不假定等方差			−2.343	532.514	0.02	−1.079	0.461	−1.985	−0.174
职业高原期	假定等方差	2.812	0.094	−3.75	3330	0.000	−1.899	0.506	−2.892	−0.906
	不假定等方差			−3.952	592.751	0.000	−1.899	0.481	−2.843	−0.955

如上表2-5所示,可以得出:(1)根据独立样本T检验,职业高原期($P=0.094>0.05$),因此教师婚姻状况对于职业高原期而言不具有显著性差异;(2)根据独立样本T检验,专业自主发展($P=0.002<0.05$, $t=-2.625$),因此教师婚姻状况对于专业自主发展具有显著性差异,已婚教师的专业自主发展高于未婚教师。

表2-6 教师是否有孩子的相关性分析

描述性统计				
	是否有孩子	个案数	平均值	标准偏差	标准误差平均值
专业自主发展	无	596	51.78	8.563	0.351
	是	2860	52.35	7.986	0.149
职业高原期	无	596	23.44	9.211	0.377
	有	2860	25.51	9.986	0.187

独立样本检验									
		F	显著性	t	自由度	Sig.（双尾）	平均值差值	标准误差差值	差值95%置信区间	
									下限	上限
专业自主发展	假定等方差	2.876	0.09	−1.555	3454	0.12	−0.566	0.364	−1.28	0.148
	不假定等方差			−1.486	824.629	0.138	−0.566	0.381	−1.315	0.182

续表

		独立样本检验							
		F	显著性	t	自由度	Sig.(双尾)	平均值差值	标准误差差值	差值95%置信区间	
									下限	上限
职业高原期	假定等方差	4.991	0.026	-4.653	3454	0	-2.065	0.444	-2.935	-1.195
	不假定等方差			-4.905	910.808	0	-2.065	0.421	-2.891	-1.239

如上表2-6所示,得出:(1)根据独立样本T检验,职业高原期($P=0.026<0.05$,$t=-4.653$),因此教师是否有孩子对于职业高原期而言具有显著性差异;(2)根据独立样本T检验,专业自主发展($P=0.09>0.05$),因此教师是否有孩子对于专业自主发展不具有显著性差异。

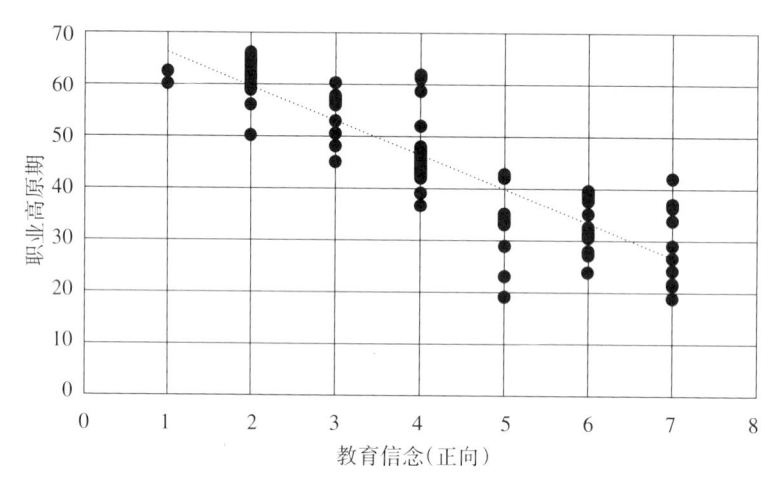

图2-18 教育信念正向得分

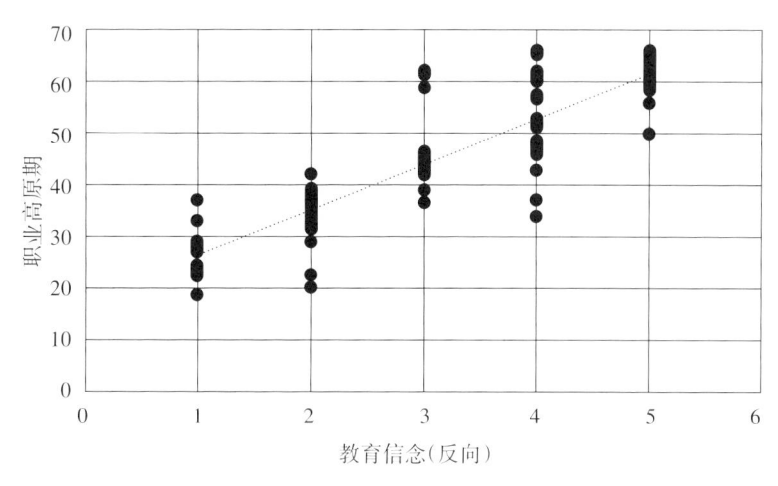

图 2-19　教育信念反向得分

表 2-7　回归分析

模型		未标准化系数		标准化系数	t	显著性
		B	标准错误	Beta		
1	（常量）	72.703	1.852		39.253	0.000
	教师教育信念（正向）	-6.572	0.393	-0.883	-16.714	0.000
a 因变量：职业高原期						

模型		未标准化系数		标准化系数	t	显著性
		B	标准错误	Beta		
1	（常量）	17.765	1.795		9.899	0.000
	教师教育信念（反向）	8.712	0.538	0.877	16.199	0.000
a 因变量：职业高原期						

根据上表 2-7 的回归分析，F 值对应的 $P=0.000<0.05$，因此教师教育信念与职业高原期的回归方程是有意义的，教师教育信念的情况会影响教师的职业高原期水平。具体分析，教师教育信念正向得分（图 2-18）与职业高原期水平呈现负相关，教师教育信念正向得分越高，职业高原期水平越低；教师教育信念反向得分（图 2-19）与职业高原期水平呈现正相关，教师教育信念反向得分越高，职业高原期水平越高。

(六)影响职业高原期教师专业自主发展的主要因素

通过对教师所在的学校及教师的专业自主发展的调查分析,得出影响职业高原期教师专业自主发展的主要因素有以下三个方面。

1.学校因素

教师所在学校缺乏办学理念的统领,致使教师方向不定,目标不明,职业价值认同度不高;缺乏评价机制的激励,致使教师感觉发展空间有限,晋升概率小;缺乏培训机制的保障,致使教师得不到规范的专业技能培训,难以突破技能瓶颈。

2.个人因素

一是教师性格因素的影响,教师职业对个人的性格有一定的要求,称职的教师往往具有坚毅、果断、沉稳、干练、乐观、豁达、执着、严谨、隐忍等性格特征,而消极、悲观、急躁、自卑、顽固、自闭、抑郁等性格特征容易使教师步入职业高原期。二是学历偏低,专业功底不够,年纪偏大而又惰于学习致使知识技能落后,也极容易让教师步入职业高原期。三是环境影响因素,教师个人所处的环境极容易使教师对教育职业产生厌弃心理,而走向追名逐利的道路,从而步入职业高原期。

3.家庭因素

一是过重的家庭负担让教师无力发展专业;二是过重的小家庭观念让教师在面临家庭与学校工作的矛盾时,会做出只顾家庭而不管工作的选择;三是家庭的支持力度不够,教师发展专业必定需要投入大量的时间精力,小部分人选择教师作配偶,是因为其认为教师可以有更多的时间照顾家庭,因而对教师在本职工作外的时间投入不支持,教师因此面临专业发展障碍。

九、提出研究假设

基于前期调查分析,我们提出以下三种假设:

第一，解决高原期教师的情感高原问题，即思想问题。只有教师思想意识改变才能有行动跟进，所以本研究拟通过开发思政辅导、心理健康、师生共情、生涯规划这四类"唤醒"系列课程，分别突破高原期情感高原的职业认同危机、情感认同危机、学生认同危机、自我认同危机，帮助职业高原期教师走向"愿为"，唤醒职业高原期教师再出发的动力。

第二，解决高原期教师的技能高原问题，即专业能力问题。在教师思想意识改变后，需要行动跟进，而这其中最重要的就是教师的专业能力，所以本研究拟通过优化校本教研方式、构建高效课堂模式、实施"双导师制"、构建研修共同体分别突破高原期技能高原的教学方式困境、课堂管理困境、沟通协调困境、研学反思困境，帮助职业高原期教师走向"能为"，提高职业高原期教师再出发的能力。

第三，解决高原期教师的发展高原问题，即外部环境问题。在教师思想意识改变、专业能力提升后，需要外部大环境的配套，所以本研究拟通过前后测对比、搭建发展平台、建立健全制度、完善评价机制分别突破高原期发展高原的自我诊断缺失、资源平台匮乏、制度建设落后、评价体系单一问题，帮助职业高原期教师走向"乐为"，改善教师的生态环境，打造促进高原期教师发展良性生态圈，最终实现教师专业自主发展。

十、制订行动研究计划

本行动研究计划共历时4年，首先，确定研究对象并与其建立良好的合作关系；其次，利用3周时间进行问卷调查及访谈，发现职业高原期教师自主专业发展的问题并据此提出假设，为行动研究做好充分的准备，在此基础上拟开展3轮行动研究，基于"计划—行动—评价—反思"的行动研究思路，每一轮行动在前一轮研究的基础上调整详细的行动目标和任务安排；最后，通过问卷调查，分析行动前后的数据变化，根据行动实际得出结论，深入探讨，找到启示、方法，反思研究的不足并做出展望。

课题组为真正推动职业高原期教师的专业发展,初步拟定了本研究的第一轮行动方案。根据前期问卷调查统计高原期教师心理状况,针对教师高原期的三个危机,鉴于解决思想问题是首要问题,所以课题组在第一轮研究中聚焦教师高原期的价值危机,从三个方面入手解决:开发教师角色认知的活动课程,唤醒自主发展的责任意识;搭建各种展示平台,增强职业成就感;畅通对话渠道,让教师的付出得到学生、家长及社会的认可。同时,课题组也初步拟定了三轮行动研究的总方案,见表2-8。

表2-8 三轮行动研究的总方案

行动步骤	时间	任务安排	行动整体目标
前期调查阶段	2016年3月—2016年8月	1. 文献梳理及研究,了解相关研究情况 2. 研制教师问卷、访谈提纲,发放并进行数据和归因分析 3. 构思研究路径,研发"高原期专业自主发展状况测评量表"和"专业发展水平对标对表自我检测表"	1. 通过调查分析教师高原期现象的表现、成因 2. 在调查的基础上梳理行动研究方案
第一轮行动研究	2016年9月—2017年7月	1. 开发素养课程,化解高原期教师职业认同危机 2. 创新活动课程,化解高原期教师工作认同危机 3. 开发指导课程,化解高原期教师学生认同危机 4. 整合课程资源,化解高原期教师自我认同危机	以培训为主,开发唤醒内驱课程,突破情感高原
反思并修改方案	2017年8月	根据第一轮行动研究结果进行反思,对解决高原期教师存在的问题做出调整	调整方案
第二轮行动研究	2017年9月—2018年7月	1. 优化校本教研方式,突破高原期教师的教学方式困境 2. 构建高效课堂模式,突破高原期教师的课堂管理困境 3. 实施"双导师制",突破高原期教师的沟通协调困境 4. 构建研修共同体,突破高原期教师的研学反思困境	以培养为主,优化教师研修方式,突破技能高原

续表

行动步骤	时间	任务安排	行动整体目标
反思并修改方案	2018年8月	根据第二轮行动研究结果进行反思,对解决高原期教师存在的问题做出调整	调整方案
第三轮行动研究	2018年9月—2019年7月	1.前测后测对比,解决自我诊断缺失的问题 2.搭建发展平台,解决资源平台匮乏的问题 3.建立健全制度,解决制度建设滞后的问题 4.完善评价机制,解决评价体系单一的问题	以培育为主,保障教师专业发展,突破发展高原
反思并形成结论	2019年8月—2020年1月	总结反思,提出突破高原期的建议及策略,汇总研究成果	

第三章
行动研究实施过程

>>>>>

根据2016年3月至2016年8月前期调查阶段关于职业高原期教师专业自主发展现状及成因的数据分析,课题组了解到教师职业发展高原期主要有情感高原、技能高原和发展高原三大高原十二个痛点。鉴于此,课题组以"教育:唤醒·陪伴·引领"这一办学理念为统领,进行了以办学理念促进教师走出职业高原期的三轮行动研究。高原期教师最首要的问题是情感上的问题,所以先从解决教师的情感高原入手,再解决技能高原的问题,最后解决发展高原问题。

一、第一轮行动研究:开发课程,突破教师情感高原,唤醒教师专业自主发展意识

美国著名的发展心理学家和精神分析学家爱利克·埃里克森(Erikson)指出,人在成长或者说社会化的各个阶段都会遇到各种心理问题,如果成功地解决这些问题就会表现出积极的反应,如果不能很好地解决这些问题,就会出现危机,这种危机就称为认同危机。本轮行动重点要解决的问题是助力职业高原期教师突破情感高原。高原期教师的情感高原主要表现为四个认同危机,

即职业认同危机、情感认同危机、学生认同危机、自我认同危机。

针对这四个危机,课题组在本轮行动研究中采取的主要措施是以办学理念中的"唤醒"为主线,以教育部办公厅印发的《中小学教师培训课程指导标准(师德修养)》为政策依据,聚焦高原期教师的思想、情感问题,以校本课程开发为载体,开发突破高原期教师情感高原的"唤醒"系列课程,唤醒高原期教师对教师职业的认同、对教师情感的认同、对学生的认同以及对自己发展的认同。

课程开发的总体目标:以"有理想信念、有道德情操、有扎实学识、有仁爱之心"的"四有"好老师为目标,着力于培养教师的理想信念、道德情操、扎实学识、仁爱之心,打造一批具有良好师德修养的好教师。

课程类型分为三类:A类课程是通识性的,以培训为主,重知识的传授;B类课程是体验性的,以实践、体验为主,重感悟反思;C类课程是特色化的,以共建共享为主,重分享展示。三类课程实现了资源共享、互为补充。

课程内容:以党和国家对新时代教师队伍建设的要求为指导,根据《中小学教师培训课程指导标准(师德修养)》精神,结合课题组高原期教师的特点,以"理想信念""道德情操""扎实学识""仁爱之心"为一级指标,开发了相应的思政辅导课程、心理健康课程、师生共情课程、生涯规划课程。思政辅导课程着力提升高原期教师的思想认识、师德师风、道德情操,心理健康课程着力提升高原期教师的心理调适能力、危机应对能力以及心理辅导能力,师生共情课程着力提升高原期教师与学生的沟通协调能力,生涯规划课程着力改变高原期教师无斗志、无发展规划与目标的现状,提升其规划意识与能力。

(一)细化第一轮行动研究计划

根据前测问卷调查以及访谈结果,总结出教师情感高原四个危机的具体表现。

教师职业认同危机表现为:一是高原期教师对教师职业性质的认识偏

误,认识不到教师职业的专业性,没有专业发展的向上力;二是高原期教师对教师职业内容认识不全面,忽视了教师职业模范中遵守法律和职业道德、贯彻国家的教育方针、践行现代教育思想和观念、全面关心爱护学生的成长等内容;三是对教师职业的社会价值理解不深入,理解不到教师职业的社会价值还在于传承人类文明、为社会进步和人类发展提供精神财富、为国家和社会培养合格的建设者和接班人;四是对教师职业的个人意义理解狭隘,仅仅将其视为谋生手段,理解不到教师的个人价值是通过学生的发展来实现的职业特性。

高原期教师情感认同危机表现为:一是胜任感缺失,教师在工作中感受不到能力的成长,无法胜任工作;二是缺乏安全感,由于个体差异,部分高原期教师的心理调整能力、心理建设能力、自身情绪管理能力都较弱;三是缺乏方向感,工作没有方向,觉得这份工作是自己的负担,即使完成工作,也仅是当成一份职业。

高原期教师学生认同危机表现为:一是将学生视为一个工作中的符号,缺乏情感的倾注;二是将学生视为自己工作的困难,面对学生的多样性和鲜活性,自己无能为力;三是将学生视为一个整体,缺乏因材施教的耐性与策略。

高原期教师自我认同危机表现为:一是自卑,认为自己作为一线教师仅仅是一个微不足道的教书匠,薪酬不高,社会地位低;二是自负,认为教育教学工作平台不足以支撑自己的理想;三是自我角色偏离,自我接纳困难,对自己所从事的教师职业持否定态度,甚至不愿自称为教师。

根据教师情感高原四个危机的具体表现,课题组围绕办学理念的"唤醒"内涵,调整了第一轮行动研究计划。

1.行动研究目标

通过思政辅导课程、心理健康课程、师生共情课程、生涯规划课程四个课程的开发,唤醒高原期教师对教师这一职业的认同,认识到教师职业是促进学生个体社会化的职业,是传道者、授业者、管理者、示范者、研究者、陪伴者等多种角色的统一;唤醒高原期教师对职业的胜任感、安全感和方向感,恢复对教师职业的情感认同;唤醒教师对学生的全面培养、关注个体,实现容错、共情;唤醒教师悦纳自己、规划发展,从而促使教师突破职业发展的情感高原。

2.行动研究方案

根据高原期教师情感高原中出现的职业认同危机、情感认同危机、学生认同危机、自我认同危机,设计了以培训为主要方式、以四类课程的开发为载体的行动研究方案。具体如表3-1所示:

表3-1 第一轮行动研究方案

时间	任务安排	行动整体目标
2016年9月—2017年7月	1.开发思政辅导课程,化解高原期教师职业认同危机 2.开发心理健康课程,化解高原期教师情感认同危机 3.开发师生共情课程,化解高原期教师学生认同危机 4.开发生涯规划课程,化解高原期教师自我认同危机	开发课程,突破教师情感高原,唤醒教师专业自主发展意识
2017年8月	根据第一轮行动研究结果进行反思,对解决高原期教师存在的问题的方案做出调整	调整方案

(二)行动研究实施过程

根据四个认同危机的表现以及对行动策略的分析和研究假设,课题组于2016年9月—2017年7月进行了第一轮行动实施,即开发突破高原期教师情感高原的"唤醒"系列课程。

1.开发思政辅导课程,化解高原期教师职业认同危机

因教师职业的特殊性,每个学校都高度重视教师的思想素质、境界。高原期教师在步入职业高原之前在思想素质、境界等方面是合格乃至优秀的,所以针对他们表现出的止步、停滞状态,课题组以"唤醒"为主线,立足高原期教师的思想政治素养,开发了"唤醒"系列课程。

课程目标：通过对习近平新时代中国特色社会主义思想、党的文件精神的学习，唤醒高原期教师的责任与信念、使命与担当，化解高原期教师的职业认同危机。

课程内容如表3-2所示：

表3-2 贵阳市第二中学教师专业发展"唤醒"系列课程之思政辅导课程

课程主题	课程专题	课程名称	课程内容	内容要点	课程类别	课程形式
理想信念	爱党爱国	唤醒·时代使命	学习党的十九大报告精神	准确把握党的十九大报告的精神内涵，增强教师对党情、国情的认识，激发教师的责任感与使命感	A	主题培训
			学习习近平新时代中国特色社会主义思想	深入领悟习近平新时代中国特色社会主义思想的精神实质与丰富内涵，引导教师坚定"四个自信"	A	主题培训
			了解国际形势	了解世界局势，明确中国的发展之路，激发教师的时代感与使命感	A	主题培训
	爱岗敬业	唤醒·身份认知	学习习近平的教育论述与观点	深刻理解习近平总书记对教育提出的"四有"好老师、"四个引路人"、"四个统一"的要求，强化教师的身份认知、职业定位意识	A	主题培训
			参观贵州的红色文化教育基地	通过参观遵义会议会址、花茂村，重走长征路等，感受革命传统、弘扬革命精神，激发教师的历史责任感	B	文化考察

续表

课程主题	课程专题	课程名称	课程内容	内容要点	课程类别	课程形式
理想信念	爱岗敬业	唤醒·身份认知	参观贵州的中华传统文化教育基地	参观阳明文化园、孔学堂等,感受中华传统文化的魅力与精髓,增强教师的文化自信,净化心灵,提高思想境界	B	文化考察
	关爱学生	唤醒·责任信念	教师核心素养培养	帮助教师知晓应该具备的核心素养和专业发展路径,进一步明确"爱"是教育的核心	C	经典诵读
			教育影像赏析	观看《嗝嗝老师》、大凉山支教纪实录等影视作品,激发教师热爱教育、关爱学生的责任与信念	B	影视赏析
	乐于奉献	唤醒·教师情怀	名师分享	邀请"时代楷模"陈立群、贵州的"海伦·凯勒"刘芳等进行分享,激发教师乐于奉献的精神,提高精神境界	C	名师沙龙
			分享研讨	在听完名师分享后,组织沙龙,围绕教师情怀展开讨论	C	分享沙龙
道德情操	为人师表	唤醒·师德师风	学习教师的职业道德法律法规	解读师德的相关政策,明确师德在教师职业生涯中的表现	A	主题学习
			个人成长案例分享	让身边的教师进行个人成长案例分享,激发教师不断向上、向前的斗志,起到示范引领作用	C	咖啡课程(在轻松环境中,以沙龙、活动的形式开展的课程)
	团结协作	唤醒·集体意识	团建活动	提升教师对集体的认同,引导教师打团队战,增强教育合力,提升育人质量	A	主题学习

续表

课程主题	课程专题	课程名称	课程内容	内容要点	课程类别	课程形式
道德情操	团结协作	唤醒·集体意识	参与学校建设	通过教代会、教师座谈会等,提高教师参与学校建设的热情,激发教师对学校的热爱、对教育工作的热爱	C	主题活动、分类座谈
扎实学识	科学施教	唤醒·教学规律	学习差异教学	尊重个体,接受学生发展存在的差异性,针对不同学生用不同的方式教学,提高课堂效率	A	主题学习
扎实学识	科学施教	唤醒·教学规律	提升育德能力	树立以生为本的教育理念,了解学生认知发展规律与学科特点,提升教师学科育德意识与能力	A	主题学习
扎实学识	与时俱进	唤醒·教育新时代	新时代教师信息素养培养	提高教师的信息素养,通过学科融合、信息技术与学科整合,提升教师应对新时代挑战的能力	A	主题学习
扎实学识	与时俱进	唤醒·教育新时代	教学创新实践	把握新时代背景下教育教学发展的基本趋势,以课题研究为载体,激发教师教学创新的勇气与能力	A	专项技能培训
仁爱之心	以人为本	唤醒·学生的认知规律	学习尊重学生认知规律	了解不同年龄段学生的认知特点及发展规律,真正做到尊重、理解	A	主题培训
仁爱之心	以人为本	唤醒·学生的认知规律	案例分析	通过交流分享,了解其他人的做法,提高自己的认知	C	主题活动
仁爱之心	公平公正	唤醒·法律法规	了解学生基本权利和义务	了解学生的受教育、安全、人格尊严、隐私、休息与课余时间、参与等各项基本权利	A	主题培训

续表

课程主题	课程专题	课程名称	课程内容	内容要点	课程类别	课程形式
仁爱之心	公平公正	唤醒·法律法规	案例分享	以案例方式分享教师在公平公正方面的做法	C	分享沙龙

这些课程或单独开设,或贯穿于教师专业发展培训,或渗透在学校的大型主题活动中,如2016年9月的教师发展大会、2016年11月的"三地五校"教学交流活动、2017年4月的教学月活动等。

2.开发心理健康课程,化解高原期教师情感认同危机

针对教师缺乏胜任感、缺乏安全感、缺乏方向感这三类情况,课题组进行了以"唤醒"为主线的心理健康课程开发。

课程目标:通过定期开展心理知识培训、实际操作技能展示、案例分享等,唤醒高原期教师的情感认同。

课程内容如表3-3所示:

表3-3 贵阳市第二中学教师专业发展"唤醒"系列课程之心理健康课程

课程主题	课程名称	课程内容	内容要点	课程类别	课程形式
专业理论知识	唤醒·胜任感	教师职业倦怠产生的原因与对策研究	帮助教师认识到职业倦怠是常见问题,通过调整心态完全可以解决	A	主题培训
		了解教师心理健康与维护知识	帮助教师了解心理健康的维度、维护的方法	A	主题培训
		了解教师常见的心理疾病	帮助教师了解常见的心理疾病,做好预防与调整	A	主题培训
	唤醒·安全感	心理压力测试与应对	组织教师参加心理压力测试,并帮助其积极应对压力	A	主题培训
		人际关系协调	通过人际交往案例分析,帮助教师了解人际关系协调的方法与途径	B	交流分享

续表

课程主题	课程名称	课程内容	内容要点	课程类别	课程形式
专业理论知识	唤醒·方向感	分享研讨	组织分享沙龙,展开讨论,帮助教师在交流碰撞中明确自己的方向	C	分享沙龙
实际操作技能	唤醒·走出困境	心理咨询技能实操	学习心理咨询技能,提高教师心理认知能力	A	主题学习
		心理健康调适实操	通过案例,让教师了解心理健康调适的主要方法	C	教育叙事

心理健康课程主要安排在每周固定的教研活动时间以及每周五下午的教师大会时间。

3. 开发师生共情课程,化解高原期教师学生认同危机

课题组将前期问卷调查中高原期教师出现学生认同危机的三个表现提炼为:缺乏情感倾注、缺乏学生管理能力、缺乏因材施教策略。这三个缺乏导致教师得不到学生的认可与喜爱,也直接影响师生的交流沟通、教师的课堂管理和教学成绩。基于此,课题组开发了师生共情课程,通过教师的改变继而化解学生认同危机。

课程目标:通过和谐的师生关系、学生管理能力和因材施教三个主题课程的开发,提高高原期教师与学生的交流沟通能力,帮助其优化学生管理方式、做好学生个性化指导等,唤醒高原期教师的学生认同。

课程内容如表3-4所示:

表3-4 贵阳市第二中学教师专业发展"唤醒"系列课程之师生共情课程

课程主题	课程名称	课程内容	内容要点	课程类别	课程形式
		生命教育	了解生命教育的内涵与意义,在学科教育中、与学生相处中渗透生命教育	A	主题培训

续表

课程主题	课程名称	课程内容	内容要点	课程类别	课程形式
和谐的师生关系	唤醒·尊重关爱生命	相互尊重	让教师了解尊重以及相互尊重的内涵与意义,引导师生、师师、生生间相互尊重	A	主题培训
		尊重与关爱的叙事交流	通过讲述有关尊重与关爱的故事,让教师体悟尊重与关爱的真谛	C	教育叙事
	唤醒·爱的艺术	认识教育中爱的本质	帮助教师了解在教育中如何体现"爱"的艺术,引导教师学会如何爱学生	A	主题培训
		学生行为矫正	帮助教师了解高中生行为问题的成因、表现及危害,研究学生行为矫正的策略与途径	B	拓展训练
学生管理能力	唤醒·导师制	推行导师制	通过开发以"导师制"为主要内容的指导课程,优化师生的交流沟通方式、丰富师生沟通交流的内容,增进师生交流,提高教师的管理能力	C	共建共享
因材施教	唤醒·心灵导师	学习高中生心理辅导技巧	熟悉高中生心理特点,了解高中生常见心理问题的主要表现及原因,提高指导学生自我管理、自我调整的能力	A	主题学习
		指导高中生个性化发展	让教师了解高中生的个性化发展需求,鼓励、引导、支持、帮助高中生个性化发展	B	体验感悟

师生共情课程开发环节比较有代表性的是"导师指导课程"。导师制是对学生的学习、品德及生活等方面进行个别指导的一种教导制度。因为导师制中的"个别指导"针对性强、效果好,所以由大学下移到了高中,国内越来越多的学校采用了这一制度。课题组于2016年开始推进"导师制"。一是导师与学生结对,通过学生申请、班主任统筹的方式,"亲其师才能信其道",

让学生选择自己喜欢、信任的教师做自己的导师,这为良好的沟通打下了坚实的基础;二是明确导师对学生进行指导的内容和方式,主要是用课外时间通过谈心(面对面、线上均可)、指导、活动等方式进行,指导的内容包含学业、心理、生涯、升学等;三是时间要求,根据导师的安排定期(一月一次)或不定期对学生进行指导和谈心,高三后期密度会更大,要求"每日一生",即导师每天都要与结对的学生谈心,以督促、鼓励学生自信成长。

以"导师制"为主要内容的指导课程的魅力在于教师与学生的交流多了一分亲切。下面摘取一位高原期班主任写给学生的信,她既是这个班的班主任,也是这个班中5个学生的"导师",这是课题组"导师制"推进实施中的一种与学生沟通的方式——书信。

写给学生的一封信

致我的高二(2)班的每一个你:

  同学们,刚刚的班会结束后,老杨竟有些激动,假期可以读书,可以改变自己的某一个志向,可以学到一门新的手艺,或是完成自己因上学时没有时间而搁置的巨作,可以让一个学渣变成一个正常的学习者,甚至一个学霸。我常常在想,那些曾经告诉我要干吗的那个高二(2)班的你,这个假期过得好吗?充实吗?有遇到新的自己吗?时间流逝很快,像朱自清《匆匆》里写的"在洗手的时候,日子从盆里过去;吃饭的时候,日子从饭碗里过去……"那么我们的日子,是否在漫无边际、无穷无尽的游戏里,观看别人奔跑欢笑的风景里过去呢?时间对于每一个人都是公平的,它是我们人生最初、最宝贵的第一桶金,有的人在积累"财富",有的人在消减"财富",你们都是聪明人,曾国藩说"人的命运,是自我选择的结果",你相信吗?老杨坚信。

  昨天高三的老师告诉我,高考备考的时间越长对我们这一类学校的学生很不利,我不解,接着问了原因,这位老师回答我"因为我们这一类学校的学生自律性不够",说的是你吗?细想,竟然有几分道理,因为我们的学习习惯、学习自律等导致我们成了现在的我们,回想你的初中,你品、你细品。但又觉得不服气,带的每一届老杨都有一个梦想,突破、超越,不是虚荣心的作祟,更谈不上那微薄的奖金,只是自己的成长之路,告诉我,只要你想、你去做,就一定会有奇迹。从高二(2)班成立的第一天开始,我就坚信,我们一定能再创奇迹,一定。

关于自我调适,骨子里不服输、温润有礼、积极乐观的你,一定会为自己荒废掉的时光感到难过、悲伤甚至自责,因为我相信,你们一定很清楚,现在的状态不是你们想要的。同学们,没有关系,应该庆幸此时的醒悟,逝去的时光,就让它逝去吧,从此刻开始,重新规划与珍惜时间,让自己变得更"富有",让自己有能力去看更远的风景,去爱那个优秀的未来的他或她,我相信,你们能,也一定能。

再说说坚持吧,我们常说"不是因为有希望,我们才坚持,而是只有坚持了才有希望",就像这个假期减肥中的老杨,遇见瓶颈,很委屈,很努力地均衡饮食,很努力地锻炼,10多天维持一样的体重,很气馁,但突然发现,以前只能坚持5分钟快跑的我,现在可以坚持30分钟了,我想我一定比以前更健康了,我想以后的生活里我也会坚持运动与注意饮食。喏!这不就是坚持后的光明吗?就如我以前把自己关起来学英语的故事,课上给同学们讲过,不再累述,我想这个假期的你,跟老杨一样,在不断地突破与超越自己吧,我相信你在。

我们约定吧,你们高三那年,老杨应该也在考博,就如高考于你们,考博于我一样,都很难,但是万物不是因为"难"才有价值,才有意义,才能助推自己去看更美的风景吗?试试吧,我们都竭尽全力一起努力试试,说不定,它就实现了呢?我一直相信,如果自己足够努力,梦想就会照进现实,我们是不是也应该认认真真地书写自己的人生?

依旧希冀高二(2)班的每一个你,学会感恩、助人、谦让、自律、自觉、自省,既有家国之情怀、广博之知识、宽广之视野;刚健有为、自强不息、温润有礼,又能担负中国复兴之大任、为人类发展做贡献之重任。

最后用昨天直播课里看到的话来结束与共勉吧,"多一些自我约束,才会享有更多更美好的自由,你想成为什么人,你也将、就会、能够成为什么人",人生永远没有太晚的开始,生命在路上……

爱你们的老杨

4.开发生涯规划课程,化解高原期教师自我认同危机

高原期教师自我认同危机的三个表现即自卑、自负和自我规划意识及能力弱。自卑会导致教师工作的积极性不够,自负导致眼高手低,自我规划意识及能力弱导致发展无目标,显性表现是影响教师个体,而隐性表现则是影响学生发展和学校发展。课题组根据这一特点,有针对性地开发了生涯规划课程,用来解决自卑、自负和自我规划意识及能力弱这三个问题。

课程目标:通过定期开展心理知识培训、实际操作技能展示、案例分享等,唤醒高原期教师的自我认同。

课程内容如表3-5所示:

表3-5 贵阳市第二中学教师专业发展"唤醒"系列课程之生涯规划课程

课程主题	课程名称	课程内容	内容要点	课程类别	课程形式
教师职业价值	唤醒·教育本质	教育本质	深入探究教育的本质,引导教师领悟教育的真正内涵	A	主题培训
		为师之道	让教师体验以德立身、以德立学、以德施教的为师之道	A	主题培训
	唤醒·教师角色	教师职责	通过体会教师角色所蕴含的传道、授业、解惑精神内涵,引导教师重新认识自己的使命与担当	A	主题培训
		成长案例分享	通过校内外个人成长案例分享,让教师明确自身的责任与担当	C	分享讲座
魅力教师修炼	唤醒·教师专业化	教师核心素养	明确教师应具备的核心素养	A	主题学习
		教师专业成长	以学科为单位,进行教师专业成长培训	A	主题学习

续表

课程主题	课程名称	课程内容	内容要点	课程类别	课程形式
职业生涯规划	唤醒·自我规划	做好规划与发展	根据教师发展阶段,引导教师明确目标、做好规划、持续发展	B	体验感悟
		优秀教师成长叙事	充分发挥榜样的引领示范作用,以优秀教师成长故事感染高原期教师,使其做好生涯规划	B	体验感悟
		自我展示	通过搭建校内校外的展示平台,让教师在展示中重树自信	C	主题活动

为了提高教师专业发展的主动性和积极性,课题组根据高原期教师的特长将课程资源进行整合,分为校内展示和校外展示,具体分为7类,具体情况如表3-6:

表3-6 活动拓展课程资源

范围	类别	活动拓展课程
校内	教学竞赛类	学校教学月活动、教师团队技能大赛等
	专业技能类	贵阳市第二中学教师大讲堂、班主任论坛等
	才艺展示类	演讲比赛、教师节活动、迎新年活动等
校外	教学竞赛类	各级教学竞赛、各级教学设计比赛、各级教学论文比赛、科技类比赛等
	科研类	各级课题、成果奖申报等
	对外交流类	校际交流、省际交流等
	精准帮扶类	承担讲座、培训,执教公开课、示范课等

校内展示以教学竞赛、专业技能、才艺展示为主,通过开展每年一届的教学月活动、教师团队技能大赛,贵阳市第二中学教师大讲堂、班主任论坛,演讲比赛、教师节活动、迎新年活动等,让教师在这些活动中增强责任意识、提高专业技能、展示个人才艺;校外展示以教学竞赛、科研、对外交流、精准

帮扶为主,通过校内选拔推荐的方式选派优秀教师参加各级教学竞赛、各级教学设计比赛、各级教学论文比赛、科技类比赛,申报各级课题、成果奖,进行校际交流、省际交流,承办讲座、培训以及执教公开课、示范课等提高教师的职业成就感。

(三)第一轮行动研究评价

本轮行动研究,开发了四个主题课程,目的是突破教师情感高原,唤醒教师专业自主发展意识。通过后期的访谈与观察,已初步达成目标。

1. 开设思政辅导课程,唤醒了高原期教师的职业认同

本研究以教育部办公厅印发的《中小学教师培训课程指导标准(师德修养)》等文件为政策依据,围绕4个主题即理想信念、道德情操、扎实学识、仁爱之心,结合课题组所在学校的高原期教师实际情况开发了以"唤醒"为主线的思政辅导课程。

①课程开发情况:共4个主题,10个专题,22个课程内容,具体见表3-2。

其中最经典的课程内容是,采取集中培训与分散培训相结合的方式,邀请了"时代楷模"陈立群、贵州的"海伦·凯勒"刘芳等到校进行专题讲座,邀请了贵阳市教育局党委副书记李明昌进行师德师风宣讲,邀请了湖南师范大学附属中学的欧阳根根老师以自己的经历为例分享教师如何承担时代使命。

这些思政辅导课程的开设使高原期教师拓展了视野,净化了心灵,提升了境界,唤醒了他们的职业认同。刘芳老师的专题讲座结束后,教师们感受深刻,下面是两位有代表性的高原期教师的感想:

虽然我看不见您的目光,但是我能看得见您的坚定;虽然您看不到世界,但是您用您的思想引领我们更好地看世界、看更好的世界。虽然您看不见学生,但是我感觉到您心里时时处处都把学生放在第一位。二十年的教学生涯使我疲惫不堪,不想再向前,想吃着老本过日子到退休,但是您面对困境展示的乐观、阳光让我自愧不如。我觉得我也应该重新调整,让自己再次出发。

——课题校张××

"黑夜给了你黑色的眼睛,你却用它寻找光明。"您说一个三十年磨成的职业倦怠者,天天在办公室念叨,会把一个才工作三年的年轻人提前念成"怨妇",我反思平日的自己,在念叨中传递着负能量,既影响了自己更伤害了别人。从今天开始,我要像您一样,正能量满满地过好职业生涯的每一天。

——课题校李××

②教师积极参加各级各类比赛,对教育教学工作热情高涨,开始关注教学、关注学生、关注学校。研究前课题校教师参加各级各类比赛时,上级下发的指标数都完不成;研究开始后,往往超额完成指标数,甚至还要向上级申请指标。积极参加比赛的人多了,获奖情况也大大改善,具体见表3-7:

表3-7 贵阳市第二中学课题实施前后课题校教师参加各级各类比赛、活动报名及获奖情况对比表

年度	论文、教学设计比赛(省级)		赛课活动(含比赛)	
	报名人数/人	获奖人数/人	报名人数/人	获奖人数/人
2014年	31	12	8	2
2018年	57	43	32	17
增加	26	31	24	15

由表3-7可以看出,课题实施后,论文、教学设计比赛(省级)和赛课活动(含比赛)的报名人数、获奖人数都有大幅增加。尤其是在贵州好教育联盟比赛中,以物理为例,课题实施前无人报名,学校教学处通过动员、下行政命令等方式才安排了此项工作。而课题实施后的2019年,物理学科报名参

加的人比名额多出3人,教学处组织专家进行校内选拔后择优派出,最后张××参加比赛获得了省级一等奖。

③教师对学校的认同感提高。高原期教师虽然在学校所占比例不高,但是影响很大。他们的职业认同感得到提高后,其对学校的看法也发生了变化,由漠视变为关注,由生疏变成亲近,由否定变为认同。在每年市教育局对学校进行年度工作等第评价中,教师绩效评分呈现出越来越好的趋势,详见表3-8。

表3-8 贵阳市第二中学课题实施前后课题校在贵阳市教育系统年度工作评比等第及教师绩效评分对比表

年度	贵阳市教育系统年度工作评比等级	教师绩效评分/分
2014年	二等奖	96.00
2015年	二等奖	96.80
2016年	一等奖	98.30
2017年	一等奖	98.39
2018年	一等奖	98.30
2019年	一等奖	98.89
2020年	一等奖	99.15
备注	共设一、二、三等奖三个等级	满分100

由表3-8可见,教师对学校的认同度呈现提高且稳定的态势,数据表明,学校各方面工作完成情况及绩效表现优秀。

2.开发心理健康课程,唤醒了高原期教师的情感认同

针对缺乏胜任感、安全感、方向感的问题,课题组以"唤醒"为主线,围绕心理健康这一核心问题,开发了2个主题即专业理论知识和实际操作技能的心理健康课程。

①课程开发情况:共2个主题,4门课程,8个内容,具体见表3-3。

这些课程分别从教学能力提升改善、心理健康、职业规划入手进行开发和设计。针对性较强,易引发教师们的共鸣,促进教师们反思、改进。

②唤醒了高原期教师的情感认同。这部分教师的教学能力和水平都有一定的基础,所以唤醒教师的情感认同后,教师在课题研究的参与度上成效明显,具体表现为研究前为了完成市教育局下达的课题申报指标,教学处要一个个做工作,甚至采用直接指定的方法方能避免申报指标用不完的窘境;研究后申报立项市级以上课题30余项,其中还有教育部课题和省级重点课题,参与课题研究教师达140人,参与课题研究教师占比近80%,课题申报时出现了2个推荐名额却有14人参与竞争的可喜状态。

③教学质量提升明显。贵州省学业水平考试(以下简称学考)各科优良率大幅提升,课题组将2015届和2019届(即研究开始的前一年到研究结束这一年)的具体数据进行了对比,具体见表3-9。

表3-9 贵阳市第二中学课题实施前后课题校学考优良率对比表

届别	物理	化学	生物	历史	地理	政治	语文	数学	英语	信息技术	通用技术	全年级
2015届	73.22%	50.56%	61.05%	71.16%	74.16%	57.55%	62.93%	76.43%	69.96%	97.91%	88.05%	16.23%
2019届	93.23%	95.16%	89.56%	87.40%	89.94%	86.07%	87.77%	92.22%	94.56%	99.03%	91.26%	65.50%

表3-9显示,所有学科均呈上升态势,除信息技术和通用技术外,提升均超过10个百分点及以上,涨幅最大的是化学学科,增加了44.60个百分点。学校优良率整体提升了49.27个百分点。

高考成绩也一路上升。在公布的贵阳市第二中学"入出口"评估数据中,课题组将2015届与2018届(本课题结题时,2019届评估结果还未公布)的数据进行对比,具体见表3-10。

表 3-10　贵阳市第二中学课题研究实施前后课题校高考"入出口"评估统计

届别	参考人数/人	一本 上线人数/人	一本 完成率	一本 上线率	二本 上线人数/人	二本 完成率	二本 上线率
2015届	488	47	73.44%	9.63%	237	84.64%	48.57%
2018届	500	98	86.73%	19.60%	290	91.19%	58.00%

表3-10中显示，一本和二本上线人数、市教育局下达的指标完成率、上线率等方面均稳步提升。

3.开发师生共情课程，唤醒了高原期教师的学生认同

围绕学生认同的三个问题，即缺乏情感倾注、缺乏学生管理能力、缺乏因材施教的策略，一一对应地开发了3个主题4门课程。

①课程开发情况：共3个主题，4门课程，8个内容，具体见表3-4。

其中，以"导师制"为主要内容的指导课程的推进实施，密切了师生关系，提升了师生交流品质，助力学生、教师齐头并进、共同发展。教师与学生接触的时间增多，而且交流方式中少了教条式说教，多了关爱式引领和指导，学生在这样的氛围中更多地了解了教师工作的艰难、教师的优良品质、教师的思维方式，对教师多了一些敬重、敬佩，唤醒了高原期教师的学生认同。

②从学生评教分数中可以看出学生对教师的认同度不断提高。课题校每个学期会组织全校学生对教师进行评教，评教分数能够直接反映学生对教师的认同度。课题组将2015届与2019届数据进行对比，详情见表3-11。

表3-11　贵阳市第二中学2015届与2019届教师评教情况对比表

届别	项目	总计	95—100分	90—94分	85—89分	80—84分
2015届	人数/人	175	10	32	56	77
2015届	比例	100%	5.71%	18.29%	32.00%	44.00%
2019届	人数/人	179	21	58	52	48
2019届	比例	100%	11.73%	32.40%	29.05%	26.82%

表3-11显示,评教分数均在80分以上,其中90分以上的教师比例增加,尤其是90—94分和95—100分这两段共增加了20个百分点以上。说明学生对教师的认同感、认可度提高。

③访谈的情况也体现了学生对教师的认同度提高。摘取一则学生感言如图3-1所示：

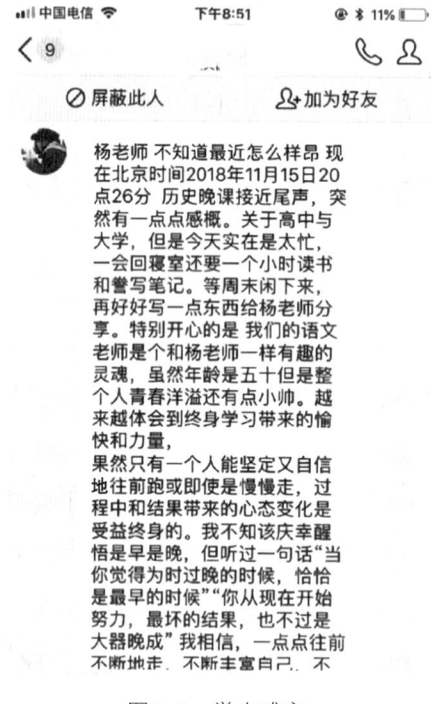

图3-1 学生感言

4.开发生涯规划课程,唤醒高原期教师的自我认同

针对高原期教师在自我认同方面存在的自卑、自负、自我规划意识及能力弱这三个问题,开发了生涯规划课程。

①课程开发情况:共3个主题,4门课程,9个内容,具体见表3-5。

通过整合省级名校长、省市级名师工作室的资源、校内外资料,开发了"校内""校外"两个层面的自我展示课程,校内3个类别,分别是教学竞赛类、专业技能类、才艺展示类;校外4个类别,分别是教学竞赛类、科研类、对外交流类、精准帮扶类。

通过整合课程资源,扩大了教师工作的空间,让教师眼光向内,聚焦自己专业能力的提升以及教学成绩的提高;让教师眼光向外,积极展示自己的专业能力与专业成长。下面是课题校几位教师的感言:

开展工作室内外同课异构示范课分组教学观摩,让我见识了各校老师们深厚的教学功底,扎实的专业技能;学生饱满的精神状态,良好高效的学习状态;教学应该是"双主体",即学生是学的主角,教师是引的主导;教学应注重体现教学与生活的联系,重视创设教学情境。我们老师的这种巨大进步和提升,达成了该阶段内的教师自我实现的结果,作为教研组长,我还要继续努力,带领老师们继续进步,继续自我实现与升华。

——数学老师李××

最初去支教是完成任务式的,到后面被当地老师的坚守和孩子们渴望求知的眼神感动,坚定了自己的职业追求,立志要做一名优秀的教师,培养更多的人才。

——赴边阳中学支教老师黎××

支教中进一步感到,把教师这份职业当成事业对待才是实现自我价值的最好方式。是何种力量支撑着一批又一批支教老师们呢?是对教师职业价值的深刻体验,是再度点燃了的教师的职业成就感,是将教师职业内化为自己的生命自觉。

——赴四川大凉山支教老师罗××

②教师专业自主发展呈良好态势。著书立说的教师增多,物化成果较好地反映了教师专业发展的水平与能力,也填补了研究前的空白;获得各级各类比赛和荣誉的教师增多,获奖的级别也越来越高,具体见表3-12。

表3-12　贵阳市第二中学2019年物化成果汇总表

专著		教辅资料编写		教材参编	
数量/本	书名	数量/本(册)	书名	数量/本(册)	书名
1	《语文契合式教学》	1	《生物教师课堂技巧指导》	1	《贵阳市生态文明城市建设读本》
1	《综合实践活动课程的开发》	3	《高中生物师生共用导学案设计与训练》	3	《贵阳市研学旅行指导手册》（小学、初中、高中版）
1	《改变，从课堂开始》	9	《金太阳导学案》	—	—
1	《赢在学习力》	—	—	—	—
1	《班级文化建设》	—	—	—	—
1	《且思·且行·且歌》	—	—	—	—
1	《研究成果集》	—	—	—	—
1	《中学语文教学契合的观察与思考》	—	—	—	—

（四）第一轮行动研究反思

第一轮行动研究以培训为主，开发了"唤醒"系列课程，唤醒了教师的职业认同，突破了情感高原。

第一轮行动研究以培训为主要方式，通过外界的影响和干预，使教师在职业认同、情感认同、学生认同、自我认同等方面产生了新的认知，意在激发活力、激发潜力、产生内驱力。

教师对职业价值的认同属于思想层面，有两个方面的问题值得深思。一方面思想观念的转变并非易事，因此仅靠培训还达不到引领教师职业价值认同的目的；另一方面思想观念的转变还需要专业技能的支撑，改变也是短暂的。又因为第一轮行动研究更侧重思想问题的解决，所以第二轮研究时应该立足专业技能的提升。

二、第二轮行动研究:构建教研共同体,突破教师技能高原,陪伴教师专业自主发展

本轮行动研究旨在第一轮行动研究的基础上反思并调整行动整体目标,重点突破教师技能高原。

(一)调整第二轮行动研究计划

通过对第一轮行动研究的反思,总结出在第二轮行动研究中需要注意和调整两个方面的问题:一是要让思想观念的转变长久、持续,保持正能量、积极向上;二是职业高原期教师在专业技能上已处于相对停滞状态,影响了他们的进一步提升和发展,应重点提升其专业技能。

根据教师技能高原四个困境的具体表现及第一轮行动研究的反思,课题组调整了研究计划,由思想建设转向技能提升。

1.行动研究目标

以"培养"为主线构建教研共同体,提升教师自我发展的专业技能,以解决专业技能危机的教学方式困境、课堂管理困境、沟通协调困境、研学反思困境,从而促使教师突破职业发展的技能高原。"培养"是指有目的、有目标地对教师开展培养工作,它通常需要一群人的陪伴,需要专家的指引,需要学校创设的载体去实现。它可以是活动,也可以是讲座。它可以是有组织地学习,也可以是自发地相互感染。这里的"培养"还是一个过程,不求立竿见影,不求人人同步,它是一种基于个人现状与需求的大课程概念,是学校作为组织者的一种有统筹、有规划、有步骤、有类别的专业成长方式,指向专业成长课程建设,并且具有可选择性和菜单式的特点。

2.行动研究方案

仅靠思想支撑没有专业能力的保障,教师在其专业自主发展道路走得不远,所以本轮行动研究计划通过四个维度来解决教师的技能高原问题,并于2017年9月—2018年7月开展了第二轮行动研究(如表3-13所示)。

表 3-13 第二轮行动研究方案

时间	任务安排	行动整体目标
2017年9月—2018年7月	1.优化校本教研方式,突破高原期教师的教学方式困境 2.构建高效课堂模式,突破高原期教师的课堂管理困境 3.实施"双导师制",突破高原期教师的沟通协调困境 4.构建研修共同体,突破高原期教师的研学反思困境	构建教研共同体,突破教师技能高原,陪伴教师专业自主发展
2018年8月	根据第二轮行动研究结果进行反思,对解决高原期教师存在的问题的方案作出调整	调整方案

(二)行动研究实施过程

第二轮行动研究聚焦高原期教师技能高原四个困境,即教学方式困境、课堂管理困境、沟通协调困境、研学反思困境,以培养为主要方式,通过构建教师共同体,突破技能高原。

1.优化校本教研方式,突破高原期教师的教学方式困境

基于高原期教师处于教学方式困境的两大表现即不愿改、不会改的问题,确定"一个主题两个途径"的主题式教研,一个主题即提升教学方式,两个途径即组织新高考改革的系列学习活动和推行"学习任务清单"。

(1)学习新高考改革内容,促进高原期教师教学方式改变

高原期教师出现技能高原的一个重要原因是在时代变化、新高考改革、新课标推行的多重压力之下,教师还用老方法教新课标、老方法教新学生,导致教学方法得不到学生的喜爱、教学成绩提升不明显甚至屡屡被年轻教师超越。解决这一危机的办法就是通过一系列新高考改革培训,让教师们主动迎接挑战。因此,在本轮行动研究中,学校通过"向外学习+内培骨干"的方式完成培训。

向外学习：一是通过每年一次的教师发展大会、每月一次的主题大会、教学月活动等举办大型新高考改革系列培训3次共6场讲座，主题有：新高考改革之"新"、在变与不变中前行、如何应对新高考改革、学生生涯规划的重要性、师生心理危机的现状及应对、课堂教学秩序的重构。

培训的目的是让教师主动接受新知，了解新形势的变化，所以上述6场讲座均是由外请专家完成的，但是只外请专家还远远不够。为了让教师们通过实地考察，体验感知新高考改革的理念、要求、方式、具体做法等，学校还安排教师外出培训，如派教学校长参加上海、宁波新高考改革相关培训2次；组织校内骨干教师33人到上海参加"智迎新高考改革"的骨干教师培训1次；等等。

内培骨干：此做法的主要目的是给教师压担子，让教师主动承担新高考改革二次培训的任务。按照教育学的观点，仅是"听讲授"只能记住5%的内容，而自己"讲授"则能记住95%，课题组将此方法用到培训中，把在学习新高考改革中感受深刻、反思能力强的这部分教师培养为二级培训的承担者，给他们搭建平台，在校内、校外承担培训任务，促使这一部分教师走出高原期。这一年来，他们参加校内培训交流12人次，校外培训交流8人次，如参加贵州卓越学校项目校的新高考改革交流等。

(2) 推行"学习任务清单"销号制，促进高原期教师教学方式改变

高原期教师的教学方式形成惯性后出现的突出问题有：一是教学中目标意识、考点意识、知识体系建构意识、融会贯通意识不强；二是教学管理漏洞多，关注全体学生做得不够，导致学习习惯差的学生容易被忽略。针对这两个问题，学校推出了"学习任务清单"销号制活动。其主要内容是通过"任务清单设计发放—学生自我复习—过关检测"这三个环节，帮助教师从学生问题、目标设置、目标达成等三个方面改变教学方式，从而打破教师教学方式的困境。

"学习任务清单"销号制的具体要求

设计者:任课教师

设计目的:根据课标整理出本学科一周的学习任务,让学生根据任务清单自主学习、自我检测学习完成情况。

任务清单内涵:分解学习目标—厘清问题—体现过程—注重结果—关注全体,从而提高效率。

实施策略:协同管理与合力推进、尊重差异与和谐推进、统筹规划与科学推进相结合。具体见下图:

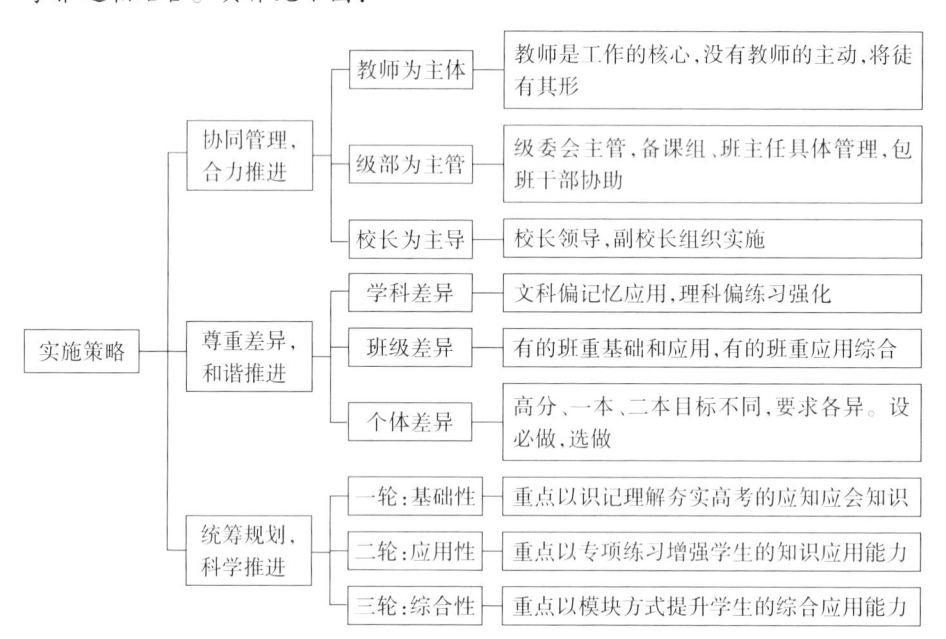

实施策略	子策略	具体内容
协同管理,合力推进	教师为主体	教师是工作的核心,没有教师的主动,将徒有其形
	级部为主管	级委会主管、备课组、班主任具体管理、包班干部协助
	校长为主导	校长领导,副校长组织实施
尊重差异,和谐推进	学科差异	文科偏记忆应用,理科偏练习强化
	班级差异	有的班重基础和应用,有的班重应用综合
	个体差异	高分、一本、二本目标不同,要求各异。设必做,选做
统筹规划,科学推进	一轮:基础性	重点以识记理解夯实高考的应知应会知识
	二轮:应用性	重点以专项练习增强学生的知识应用能力
	三轮:综合性	重点以模块方式提升学生的综合应用能力

实施流程:为提高效率,培养学生自主学习的能力,就必须要形成闭环管理,通过任务清单设计发放—学生自我复习—过关检测这三个环节,强化任务清单实施。

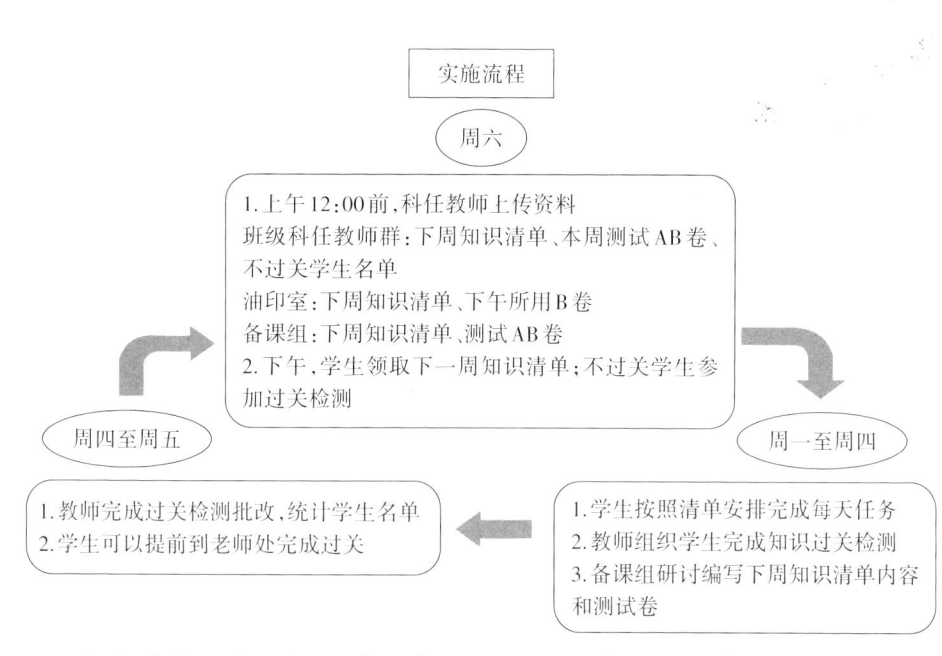

```
              实施流程
                 ↓
               周六
    ┌─────────────────────────────┐
    │ 1.上午12:00前,科任教师上传资料  │
    │ 班级科任教师群:下周知识清单、    │
    │ 本周测试AB卷、不过关学生名单    │
    │ 油印室:下周知识清单、下午所用B卷 │
    │ 备课组:下周知识清单、测试AB卷   │
    │ 2.下午,学生领取下一周知识清单;  │
    │ 不过关学生参加过关检测          │
    └─────────────────────────────┘
  ↙                                    ↘
周四至周五                              周一至周四
┌──────────────────────┐    ┌──────────────────────────┐
│1.教师完成过关检测批改, │ ← │1.学生按照清单安排完成每天任务│
│统计学生名单           │    │2.教师组织学生完成知识过关检测│
│2.学生可以提前到老师处  │    │3.备课组研讨编写下周知识清单 │
│完成过关               │    │内容和测试卷                │
└──────────────────────┘    └──────────────────────────┘
```

任务清单三种形式:以高三复习为例,一轮复习强调基础性、二轮复习注重应用性、三轮复习强化综合性。

2.构建高效课堂模式,突破高原期教师的课堂管理困境

教师的舞台是讲台,课堂是教育的主阵地,教师的自信也来自课堂。当一位教师在课堂上逐渐失去了激情、陷入管理窘境,课堂对教师来说就是痛苦的根源,因此,帮助这部分教师摆脱课堂管理困境显得尤其重要。而课题组主要通过课堂建模来解决这一困境。

高效的教学往往是"功在课前,效在课中,成在课后",我们主要通过两条途径来引领教师改进课堂教学,一是研究课堂,二是建模出模。为此,2017年9月学校专门成立了课堂管理中心,用"听课—评课—查找问题—梳理方法—再听课"的方式,邀请专家与教研组一起研究教学,加大课堂研训的实践研究力度。同时,学校还开展了基于课堂观察的常态课研训,基于主题性研究的课堂视导课研训,基于青年教师团队技能大赛的教学技能课研训,基于精品课、展示课的精彩课堂研训,此外还有翻转课堂、微导学研训、"班会课、拓展课、期首课"等特殊课型研训等,并在前期课堂建设的基础上,提炼出"1+5+1"的教学模式。

课堂改革的核心要素是把学习还给学生,让学生开放、开窍、开心。"1+5+1"课堂教学模式的第一个"1"是目标导向教学设计,"5"是上课的"预习反馈—问题探究—精讲点拨—达成检测—总结反思"五个环节,第二个"1"即作业巩固。这种课堂教学模式以教师自主开发的适应学情的"目标导向教学设计"为载体,通过课堂小组合作方式,以五步教学环节锁定教学目标,全程陪伴学生学习,巩固提升,简单易学、操作灵活。"1+5+1"教学模式为教师提供了管理课堂的抓手,为学生提供了自主学习的载体,教学相长,校长的教学领导力也在研究课堂、改进课堂中得到提升。

大数据时代,信息技术对教育的改革起到了很好的促进作用。基于此,课题组结合学校实际开展翻转课堂及微导学研训,打造升级版的翻转课堂教学模式,旨在提升学生的自主学习意识和能力,同时为构建学校新时期的课程体系创造条件。例如,在三个项目实验班的语文、数学、英语、物理、化学学科中开展实验研究,尝试构建翻转课堂和微导学教学模式。

3.实施"双导师制",突破高原期教师的沟通协调困境

推行"双导师制",加强师师沟通。为打破"同行相轻"、同学科教师间沟通不顺畅这一问题,课题组推出"双导师制",它是在课题校原有"一师一徒"的"青蓝工程"基础上优化的"二师一徒"方案。

"双导师制"是指两个导师帮带一名青年教师。"青蓝工程"是学校的常态工作,因其对青年教师的成长有很大的促进作用,同时也倒逼导师的成长,所以课题校一直高度重视这一工程。近年来,因职称评定中,教师要承担"老带新"的人数增加,原来的"一师一徒"方案已不适应现在需求,而且本学科内承担此任务的导师不可能平均分配,导致教师间矛盾逐渐加大,且一直未能承担此任务的教师的工作积极性也受到影响,很难走出高原困境。综合上述因素,学校推行了"双导师制"(如图3-2所示)。其具体内容如下:

第一,确定两个导师人选。第一导师是由学校选聘的校内外的学科带头人,思想、工作、心理素质、沟通协调能力都表现突出、示范引领效果强的教师。第二导师是指经考核有带教资格(职称),但是在教学成绩、管理水

平、沟通协调能力等方面较第一导师低,还需要在岗位上进一步磨炼的教师。

第二,明确两个导师的责任与工作内容。第一导师要双带,既要带第二导师,又要带年轻教师。以听课为例,第一导师要与青年教师一起听第二导师的课。第二导师既要与第一导师一起带青年教师,同时,自己还要再向第一导师学习,与青年教师一起听第一导师的课。

第三,开设"青蓝工程"系列课程。学校以"自信稳步在路上"为主题线索,分别组织了"在路上·青蓝工程启动仪式""在路上·青蓝碰撞交流沙龙""在路上·你我皆是同行者""在路上·展示与汇报活动"等主题培训活动,实现"青蓝工程两牵手 师徒结对共成长"的主旨目标,通过师德高尚、专业知识扎实、业务能力强、经验丰富的骨干教师带新教师"一对一"的结对子活动,构建双导师及青年教师共赢共成长的良好氛围,充分发挥好骨干教师"传、帮、带"的模范作用,帮助青年教师走出沟通协调困境,得到学术水平和能力的双向提升。

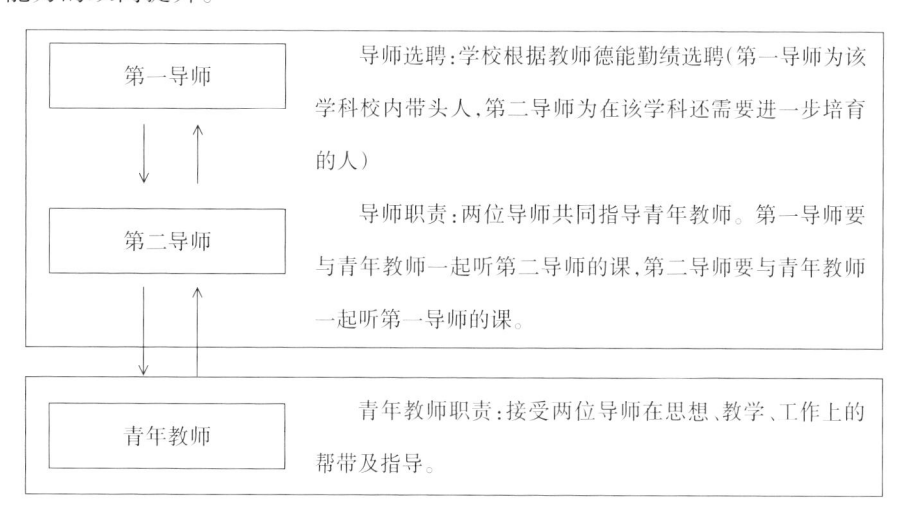

图 3-2 "双导师制"运行图

4.构建研修共同体,突破高原期教师的研学反思困境

只有教没有研,教学不能深入,只有研没有教,教学又不落地。课题组通过构建研修共同体来再度点燃高原期教师的激情,从而使其突破研学反思困

境。依托课题研究,坚持问题导向,在陪伴中引领课程改革方向、促进教学改进。

(1)建立跨区域研修共同体,促进教师研学反思能力提升

学校以"呵护、培育、唤醒、生成"为核心理念开始了生命课堂的研究与实践,抓住课题研究这一"牛鼻子",以课题组为单位建立研修共同体,组建了"基于课堂观察的学习目标达成的实践研究""课堂教学思维可视化教学研究""提升学习力促进师生主动发展行动研究""翻转课堂的教学研究"的校内研修共同体,又组织了跨校、跨区域的研修共同体,如以陈先睿为主持人组织的"教师专业化发展研究"就是与白云区教育局结成的跨区域研修共同体,景季萍组织的"研学旅行课程开发"将贵阳市6区3县的教育资源进行整合跨区域组建了研修共同体。

(2)建立跨学科研修共同体,促进教师研学反思能力提升

学校除了学科内研究外,还推出了跨学科研修共同体,如教育管理、教学方式变革、课程开发、行政管理方面的课题研究,均打破了单一的学科结构,将各学科、各部门的人组成一个团队进行研修。

(三)第二轮行动研究评价

1.优化校本教研方式,突破教学方式困境,陪伴高原期教师自主发展

教师教学方式改进的显性效果是教学质量明显提升,教师在教学技能上的感悟和体会由感性走向理性,具体表现在:

①教学质量提升明显:以学考为例,对比前后学考学科的优良率及学校的整体优良率,形势喜人。具体见表3-14:

表3-14 贵阳市第二中学研究前后学科学考优良率与学校优良率对比表

届别	学科优良率						学校优良率	
	物理	化学	生物	历史	地理	政治	人数/人	比例
2015届	73.22%	50.56%	61.05%	71.16%	74.16%	57.55%	145	27.36%
2016届	89.70%	85.34%	87.43%	86.54%	84.82%	80.00%	351	60.83%

续表

届别	学科优良率						学校优良率	
	物理	化学	生物	历史	地理	政治	人数/人	比例
2017届	93.95%	90.57%	75.80%	80.07%	83.45%	74.15%	262	46.62%
2018届	93.19%	84.85%	83.50%	73.59%	88.35%	61.57%	277	54.00%
2019届	93.23%	95.16%	89.56%	87.40%	89.94%	86.07%	360	69.77%

表3-14中，2015届代表进入研究前的数据，2016届开始进入研究，2016届直到2019届的成绩均为进入研究后的成绩。由表中数据可见，参与研究后学科优良率均呈上升态势，将2015届与2019届相比，物理提升约20个百分点，化学提升近45个百分点，生物提升约29个百分点，历史提升约16个百分点，地理提升约16个百分点，政治提升近29个百分点，学校整体优良率则提升了约42个百分点。

②教师参加教育教学类比赛获奖情况喜人。课题组将2017—2019年的数据进行汇总统计，具体情况见表3-15：

表3-15 贵阳市第二中学课题实施后课题校教师参加教育教学类比赛获奖情况统计表（2017—2019年）

等级	论文、教学设计比赛	教学成果奖（含科研成果类）
省级一等奖	35项	0
省级二等奖	74项	2项
省级三等奖	62项	2项
合计	171项	4项（实现零的突破）

由表3-15可见，课题校2017—2019年参加各类教学设计、教学论文比赛，共获省级各类奖项171项。此外，课题组多位教师还获得省市区级教学比赛奖项，同时，贵阳市普通高中课程改革试点项目——提升贵阳市中学生学习力的实践研究的研究工作，共推送课题成果25项。到本轮研究结束时，结题6项，其中4人次获省市级科研成果奖项。学校教师的科研氛围、科研

意识和科研能力得到进一步提升。通过构建校本研修共同体,教研活动,即课程资源开发、课程目标制订、课程实施、课程评价等环节,丰富了课程建设的多样性,激发了教师们建设课程的主动性。

2.构建高效课堂模式,突破课堂管理困境,陪伴高原期教师自主发展

在"1+5+1"教学模式下,基于课堂观察的常态课研训、主题性研究的课堂视导课研训、青年教师团队技能大赛的教学技能课微课研训等,在各教研组的实践中形成了精品课、展示课,创新了课堂模式。比如,翻转课堂、微导学研训、班会课、拓展课等。

教师在构建课堂模式方面也尝到了甜头,据统计,2017—2019年我校教师优质课评比中有18人次获一等奖。此外,多彩贵州好教育联盟的同课异构活动共派出18位教师参赛,获得了省级一等奖;贵州卓越学校发展项目的同课异构活动,共派出6批教师。通过参加比赛和外出参加同课异构活动,高原期教师课堂管理能力有了大幅提升,实现了高原期教师课堂管理困境的突破。具体见表3-16:

表3-16　贵阳市第二中学"1+5+1"课堂教学模式的应用与推广

序号	成绩	数量
1	主题培训	8次
2	经验交流	15场
3	公开课展示	113节
4	开展跨省同课异构活动	5次
5	省市级优质课比赛获奖	7人次(省级一等奖2人次、市级一等奖3人、市级二等奖2人次)

从表3-16可见,课题校的教师在课堂管理模式的推广及应用上都呈现出优秀的课堂表现力。

3.推行"双导师制",突破沟通协调困境,陪伴高原期教师自主发展

教师职业认同是教师不断提升自身素质,实现敬业尽责的内在驱动力。

"双导师制"通过双向学习,增加互动交流,三人都有学习的动力和支点,如第二导师通过主动关注第一导师在教育理念、教学方法、课程设计、学生管理等方面的优点,及时补充新知识,使自己得到提升;年轻教师乐于接受新的教育思想、教学模式、教学方法、教学工具,探究运用新的教育信息技术,构建合理的知识结构来提高自己的教育教学能力;第一导师要让自己的教学真正起到帮带作用,就必须得时时"充电",保证自己进步的同时也能从第二导师和年轻教师身上吸收他们的优点,促进自己提升。比如,在2016—2019年度的青年教师团队赛课中,双导师组队的有数学组、政治组、化学组、物理组,其中效果最突出的是物理组,由罗××、楼××等组成的团队获得了一等奖。沟通方式的优化、沟通协调能力的提升,促使高原期教师突破沟通协调困境。

4.构建研修共同体,突破研学反思困境,陪伴高原期教师自主发展

研修共同体的构建助力资源整合。2016—2019年,学校以课题研究小组为单位,组建了18个研修共同体,如"基于课堂观察的学习目标达成的实践研究"、"提升学习力唤醒师生主动发展的行动研究"和"翻转课堂的教学研究"的校内研修共同体,以及跨校、跨区域的研修共同体,如陈先睿为主持人组织的"教师专业化发展研究"就是与白云区教育局结成的跨区域研修共同体,景季萍组织的"研学旅行课程开发"是将贵阳市6区3县的教育资源整合组建的研修共同体。具体见表3-17:

表3-17 贵阳市第二中学教师研修共同体汇总表(2016—2019年)

序号	研修共同体名称	备注
1	基于课堂观察的学习目标达成的实践研究	校内跨学科
2	翻转课堂的教学研究	校内跨学科
3	体育学科校园课程的实践研究	
4	提升学习力唤醒师生主动发展的行动研究	校内跨学科
5	在课改背景下提高生物教师教学能力的研究	

续表

序号	研修共同体名称	备注
6	基于学习力提升助推名师主动发展的案例研究	校内跨学科
7	大数据条件下理科教师的教学方法研究	校内跨学科
8	贵阳市高中研学旅行课程的开发与实践研究	校内跨学科
9	中学物理情境设置提升学生提出问题能力的案例研究	
10	基于核心问题的高中数学概念课教学设计研究	
11	高考招生制度改革背景下提升教师课堂教学思维品质的策略研究	校内跨学科
12	新课标背景下"跨媒介阅读与交流"的实践研究	
13	新高考背景下生涯规划对贵阳市普通高中选课和升学的指导策略研究	校内跨学科
14	2017年版普通高中地理课程标准下的新教材与老教材的对比研究	
15	新课改背景下中学跨校校本研修促进教师优化干预学生学习行为行动研究	校内跨学科
16	基于核心素养下贵阳市高中生物理建模能力的实践研究	
17	教师专业化发展研究	跨区域跨学科
18	新高考背景下"导师制"研究	校内跨学科

以这18个研修共同体为载体,推动教师由单纯教学走向研究中教学,在研究中再度点燃他们的激情,在研究中提升教学能力,在研究中提升教学成绩。

研修共同体的研修成果突出。除如期结题外,有6项26人次获得了教学或科研成果奖。其中获贵阳市教育科研优秀成果评比一等奖3项(2017年2项、2018年1项),贵州省教育科研优秀成果评比二等奖2项(2016年1项、2019年1项),贵州省教育科研优秀成果评比三等奖1项(2018年1项)。

依托课题研究,坚持问题导向,在共同体的互助陪伴中引领课改方向、促进教学改进,实现高原期教师研学反思困境的突破。

(四)第二轮行动研究反思

第二轮行动研究更多关注技能提升,以期突破高原期教师的技能困境。第一轮和第二轮行动研究均更多地聚焦在教师方面,而忽略了为教师的发展提供良性的、可持续的发展机制。从问卷分析来看,一方面是教师对自己的分析不到位导致发展目标不明确;另一方面是外部环境,如发展资源、发展平台、发展的保障措施、发展的评价体系等的缺失导致高原期教师的发展高原较为突出。

三、第三轮行动研究:搭建发展平台,突破教师发展高原,引领教师专业自主发展

本轮行动研究在第二轮行动研究的基础上,做了反思与调整,通过优化外部环境,如制度建设、平台搭建等来解决针对发展高原的自我诊断缺失、资源平台缺失、制度建设缺失、评价体系缺失等问题,从而促使教师突破发展高原,快速走出职业高原发展期。

(一)调整第三轮行动研究计划

通过对第二轮行动研究的反思得出,要引领高原期教师实现突破,必须从教师自己以及外部环境这两个方面入手来解决,从内部看,要引领他们明确方向,由停滞走向自主发展;从外部看,多维度搭建平台,提供发展的保障。发展高原的四类情况,即自我诊断缺失、资源平台匮乏、制度建设滞后、评价体系单一,其具体表现如下。

自我诊断缺失导致高原期教师发展方向不明、目标不清。

资源平台匮乏导致参加活动的机会减少、平台减少,进而直接影响他们的进一步发展,并形成恶性循环。

制度建设滞后制约教师的进一步上升,比如,教师评聘职称需要完成3个"老带新"任务,但是有的学科组近五年没有进新教师,尤其是音乐、美术

这些学科,而缺这一项,评职称基本无望,这就制约了他们的发展。要为这些教师打通向上的空间,就要建立健全相应的制度。

评价体系单一的表现是缺乏全面的、完整的评价机制。

根据以上分析,课题组调整了第三轮行动研究的整体目标。

1.行动研究目标

教师出现高原现象是内外两个因素共同作用的结果,前两轮的行动研究主要集中在内部即高原期教师个人的情感高原和技能高原问题,如果外部因素不解决,行动研究目标的达成就非常困难。所以,第三轮行动研究的目标是通过开发测试量表、搭建发展平台、建立健全制度、完善评价机制来解决高原期教师面临的外部环境问题,助力教师突破发展高原。

2.行动研究方案

造成高原期教师发展高原的四个痛点是自我诊断缺失、资源平台匮乏、制度建设滞后、评价体系单一,后三项分别指向外部环境、制度、机制,所以本轮研究立足外部,通过四个途径于2018年9月—2019年7月进行了第三轮行动研究(如表3-18所示)。

表3-18 第三轮行动研究方案

时间	任务安排	行动整体目标
2018年9月—2019年7月	1.前测后测对比,解决自我诊断缺失问题 2.搭建发展平台,解决资源平台匮乏问题 3.建立健全制度,解决制度建设滞后问题 4.完善评价机制,解决评价体系单一问题	搭建教师专业自主发展平台,突破教师发展高原,引领教师专业自主发展
2019年8月—2019年12月	总结反思,提出突破高原期的建议及策略,汇总研究成果	形成结论

(二)行动研究实施过程

通过前期分析、假设研究方案、预定达成目标,课题组按计划实施了第三轮行动研究。

1.前测后测对比,解决高原期教师自我诊断缺失问题

根据问卷调查和访谈发现,教师对自己目前所处状态认识不清,导致职业发展的定位、目标与方向不明,针对这一情况,课题组开发教师职业高原测试量表,让教师通过自我诊断明定位、明缺漏、明方向。

(1)梳理高原期教师专业发展现状

由教学处牵头,课题组对全校教师的专业发展现状进行梳理并建立"贵阳市第二中学教师专业发展"系列台账,主要有:教师荣誉类、教师职称类、教师获奖类(教学竞赛、论文、教学设计、科技、课题、其他)、教师支教情况、"青蓝工程"等;建立"贵阳市第二中学教学成绩台账",分为学校类和个人类,个人类教学成绩主要是将每个教师的教学成绩按任教年级进行统计。

根据这些台账,对教师情况进行梳理发现:已获得高级职称的教师,虽然获得的各级各类荣誉较多,但是这类教师存在在教学竞赛方面获奖较少,教学论文与教学设计的发表及获奖数量较少的现象,发展处于暂时停滞阶段。反之,高级职称以下的教师,尤其是青年教师在这方面的参与态度积极、获奖数量较多。

(2)厘清高原期教师专业发展的诉求

通过上述分析,将教师情况进行分类。第一类是高级职称(含高级职称)以上的教师,这部分教师在专业发展上处于暂时停滞状态;第二类是高级职称以下的青年教师,这部分教师的工作积极性、主动性较强;第三类是高级职称以下的年龄较大的教师,这部分教师一直处于停滞状态。这三类教师中,第一类、第三类教师都有较明显的高原现象。对于这两类教师,课题组通过开设沙龙、交流谈心、主题实践活动等方式了解他们的高原期归因,主要归纳为目标不明确导致个人发展动力不足、专业技能停滞导致个人发展能力不足、各种压力叠加导致无暇顾及个人发展或发展意愿不足。在此基础上,课题组为他们制订发展规划,让他们有更高的目标、更明确的方向。

(3)再度进行量表测试,明确高原期现状

第一,量表开发。一是聘请专家指导开发。为确保量表的客观性、科学性,课题组聘请了贵州师范大学教育学、心理学教授进行测试量表开发的培训,主要围绕"量表的性能与结构、题目设置的要求与技巧、量表的信度和效度"进行了3次培训并指导测试量表的开发。二是开发了一套测试量表。首先将前期的分类台账等进行梳理后,分别从教师基本情况、专业现状、预达目标三个方面设计量表初稿,组织部分教师进行测试,课题组对照测试结果,再对这部分教师进行访谈,了解量表的信度和效度。然后再结合教师的需求、学校的实际进行修改,并请专家指导。从初稿到最后定稿一共26稿,专家指导了9次,最后才形成了一套完整的测试量表,即"普通高中教师职业现状调查问卷"(附录1)、"普通高中教师专业自主发展分类访谈提纲"(附录2)、"普通高中教师职业高原期专业自主发展状况测评量表"(附录3)、"普通高中教师专业自主发展测评量表"(附录4)和"普通高中教师专业发展水平对标对表自我检测表"(附录5)。

第二,再度进行测试。一是课题组运用"普通高中教师专业发展水平对标对表自我检测表"(附录5)再度开展教师的自测自评,使教师更加明确自身专业发展的现状和需求;二是在课题校使用后,又将测试量表推广到贵阳市下辖的县级市高中,铜仁市的高中,段丽英名校长工作室的学员校、成员校共3456人使用。

2.搭建发展平台,解决高原期教师资源平台匮乏问题

课题组将段丽英名校长工作室、名校长领航工作室、省级协同创新研修工作坊、教育部中学校长培训中心专家贵州省工作站、卓越学校联盟、校内名师工作室等资源有机整合,通过学习交流、同课异构、沙龙对话、专题研讨、教学展示、主题讨论等方式为高原期教师发展提供资源平台。课题组还联手省智库专家,组团前往河南淮滨、郑州考察学习,到镇海中学、余姚中学

观摩跟岗,在观山湖中学考察了其扎实有效的教学常规管理,在贵阳市第八中学学习科学精细的教学质量分析,在兴义市第一中学学习了高效课堂和教研管理,在铜仁市第一中学考察了校园文化及体育教学等。这些活动拓展了工作室成员的办学视野和创新开拓意识,在平台搭建、经验分享和专题讨论中达到了"学习共同体"的研修目的。在这一过程中坚持互通有无、资源共享,以实现同伴互助、同学习、共提升、齐发展。

课题组还组织教师们以帮扶共进的方式,创新展示平台。近到清镇市、乌当区、白云区等开展送教活动;远到习水、松桃、望谟、印江等县和盘州、铜仁、兴义、凯里、瓮安等市开展基于核心素养的专题讲座分享、教学示范与教学研讨及科技教育示范教学活动、三地两校高三复习备考微型论坛活动,还承接了贵州师范学院教师跟岗研修活动。

课题组还在罗甸边阳中学建立了乡村工作站,与望谟第二中学签署了对口帮扶协议,把驻村帮扶点——开阳县高寨乡牌坊村纳入重点帮扶项目,赴四川大凉山支教,从构建帮扶机制、研制培训框架、提升团队效能入手,送课送培,开展组团帮扶,置换式支教,选派优秀教师进班顶岗,置换帮扶校教师、干部到贵阳市第二中学跟岗听课,跟随工作室团队到上海学习考察等活动。邀请专家为边阳中学申报特色学校做模拟答辩指导,选派专业人员到高寨中学开展语言文字规范及宣传表演活动等。通过帮扶工作,教师心灵得到了净化,责任担当意识得到了提升,从小我走向大我,由小爱走向大爱,突破了发展瓶颈。

3.建立健全制度,解决高原期教师制度建设滞后问题

学校在原有制度建设的基础上,针对高原期教师的现状完善了相应制度,分为三类:

①教师发展类:制订了教师专业发展系列培训方案、"青蓝工程"实施方案、支教实施方案、优秀教研组评选方案等。

②专业技能类:制订了教师行为规范、学生行为规范之课堂篇、实验室教师职责、贵阳市第二中学教案要求、贵阳市第二中学作业要求等。

③规划评价类:教师量化考核细则、职称评审条件、岗位聘任条件、贵阳市第二中学个人评优细则、年度考核实施意见、教学质量奖分配方案。

每类制度的制订,都经过了广泛的调研,由相关部门起草初稿,行政会研讨,党委会或教代会通过,自下而上按程序出台。

4.完善评价机制,解决高原期教师评价体系单一问题

评价是导向、方式,所以解决发展高原中的评价体系单一的问题还需要从评价入手。

第一,设计三个维度的评价表。通过办公室、教学处、教务处三个部门联动,分别推出以下评价维度量表:

教学处负责:教师专业成长规划指南、教师专业梯度发展考核量表。

办公室负责:晋级晋岗对标检测量表、评优评先评价表。

教务处负责:教育教学质量考评、教师教学成绩台账(学校台账及个人台账)。

推进方式:各部门先设计相应的台账或登记表,填入或完善信息之后设计相应的评价指标,明确责权利。旨在通过制度化管理、公平公开原则,营造良好的教师专业发展生态环境。

第二,完善评价机制。主要包括4个机制,即诉求畅通机制、评聘公正机制、平台创设机制、评价激励机制。

诉求畅通机制通过领导下基层、教代会提案、诉求分类建卡、建立台账等方式为高原期教师厘清专业自主发展诉求,指引发展方向。

评聘公正机制包括班主任聘用制度、班主任聘用科任教师制度、晋级晋岗制度,为确保公平公正,提供制度保障。

平台创设机制主要通过创设教师专业自主发展的展示平台,为高原期教师提供校内、校外交流展示的机会、资源,为高原期教师重建自信奠基。

评价激励机制包含教师表彰制度、教师奖励制度、教学奖励制度、师德榜宣传等,通过正向引领,营造积极的自主发展氛围。

(三)第三轮行动评价

1.前测后测对比,解决自我诊断缺失问题,引领高原期教师完成自我诊断

本研究设计了"普通高中教师职业现状调查问卷"(附录1)、"普通高中教师专业自主发展分类访谈提纲"(附录2),通过前期调研初步得到不同人群的教师职业高原归因,继而又从教师情感、专业技能、专业发展三个维度研发了"普通高中教师职业高原期专业自主发展状况测评量表"(附录4),主要用于教师自测自评,引导教师从情感、专业技能、专业发展三个维度进行量化测评,帮助教师明确自身的职业发展现状,在分类研究和归因分析中,挖掘影响教师专业发展、导致产生高原期的各种因素。同时根据职称评审和教师晋级晋岗的相关要求,结合教师职业高原期的基本特点,研发指导教师专业发展的对表对标自测表,帮助教师厘清自身专业发展的基本条件,明确发展方向和发展路径。

这一套测量工具在课题校、贵州省两个地区的高中校被3456人使用,完成了教师的自我诊断。

2.搭建发展平台,解决资源平台匮乏问题,引领高原期教师重建发展信心

(1)搭建了3个区域21个平台(如表3-19所示)。课题组整合了段丽英名校长工作室、名校长领航工作室、省级协同创新研修工作坊、教育部中学校长培训中心专家贵州省工作站、卓越学校联盟、校内名师工作室6个类型的资源,搭建了以贵阳为中心,辐射到贵州省习水、松桃、望谟、印江、盘州、铜仁、兴义、凯里、瓮安9个地区的省内平台,构建了以贵州省为中心,联动到河南、上海、浙江、四川4地的省际交流平台,形成了3个区域,即校内、省内、省际联动。

表3-19 贵阳市第二中学资源平台统计表

序号	区域	类别
1	校内	校内名师工作室3个
2	省内	段丽英名校长工作室 名校长领航工作室 省级协同创新研修工作坊 教育部中学校长培训中心专家贵州省工作站 卓越学校联盟 由贵阳辐射到习水、松桃、望谟、印江、盘州、铜仁、兴义、凯里、瓮安9个地区的省内平台
3	省际联动	由贵州到河南、上海、浙江、四川4地的省际交流平台
合计	3个区域	21个平台

这些平台为教师的学术交流、教学技能切磋研磨、教学质量提升等提供了空间和资源。

(2)开展专项活动,助力教师专业提升。2016年以来,先后拟定了30余项专题活动方案,开展了14次主题研讨活动,引进专家讲座20场,组织跟岗研修活动9次(每次活动均在一周以上);开展送课送培活动16次,覆盖高中教学11个学考科目和体育学科,公开课示范课达113节,开展同课异构活动5次,开展学校管理方面的主题交流研讨8次;多次开展跨地区、跨学校的工作室活动,先后选派46人次到省外学习和跟岗,被各种媒介报道20多次,其中全国性的报道4次。此外,还与罗甸边阳中学、望谟第二中学、开阳高寨乡建立了精准帮扶协议,开展对外培训800人次,完成了近100位影子校长跟岗培训;承办了2次全国性的教育教学研讨会,向来自全国各地的优秀校长展示了研究成果。

平台的搭建扩大了教师工作的空间,让教师们眼光向内,聚焦提高自己的专业能力以及教学成绩;眼光向外,积极展示自己的专业能力与专业成长,还拓展了工作室(坊)成员的办学视野和创新开拓意识,引领高原期教师重新树立专业发展的信心。

3.建立健全制度,解决制度建设滞后问题,引领高原期教师走向自主发展

建立健全了3类16项制度,主要包括教师发展类、专业技能类和规划评价类。具体见表3-20:

表3-20 贵阳市第二中学课题研究后完善制度统计表

序号	类别	制度名称
1	教师发展类	教师专业发展系列培训方案 "青蓝工程"实施方案 支教实施方案 优秀教研组评选方案
2	专业技能类	教师行为规范 学生行为规范之课堂篇 实验室教师职责 贵阳市第二中学教案要求 贵阳市第二中学作业要求
3	规划评价类	教师量化考核细则 职称评审条件 岗位聘任条件 目标奖考核分配方案 贵阳市第二中学个人评优细则 年度考核实施意见 教学质量奖分配方案
合计	3类	16个

通过建章立制,营造公平、公开、公正的环境,引领教师走向自主发展。研究前,在组织的各级各类比赛中,年轻教师是重要力量,高原期教师日渐后退,出现了凡是级别较高的比赛,尤其是有专业级别要求的比赛时无人参加的现象。比如,在报名参加2014年贵州卓越发展项目组织的语文课名师同课异构展示时,4位符合活动要求的市级骨干以上教师均无人报名,后来在教学处做工作的情况下教研组长才带头勉为其难地参加了此活动。行动研究后,在2019年的贵阳市优质课校内推荐中,仅数学学科就出现了1个名额10人报名竞争的情况。

对141位教师进行调查问卷前后测的数据统计显示,90.81%的教师认

为职称晋升有希望,87.29%的教师认为已经走出职业发展停滞状态,84.06%的教师有了自己明确的专业发展方向,近90%的教师有了自己的专业发展规划,并具体落实到每个学期。

4.完善评价机制,解决评价体系单一问题,引领高原期教师走向自主发展

完善了针对教师专业自主发展,走出高原期的评价机制,主要包括4个机制,即诉求畅通机制、评聘公正机制、平台创设机制、评价激励机制。这些机制的建立让职业高原期教师的发展有了制度、评价的保障。

在公平、公正、公开的评价机制保障下,自2016年起,课题校产生全国名校长领航学员、省级名校长1名,特级教师4名,正高级教师5名,省级名师4名,市级名师8名,名班主任2名,市管专家1名,省市级名校长、名师工作室10个,省级骨干教师5名,市级骨干教师22名,市级创新人才5名,教坛新秀15名,位居同类学校前列。

(四)第三轮行动研究反思

本轮行动研究通过搭建发展平台,突破教师发展高原,保障教师专业自主发展,在一定程度上解决了教师的发展困境,但是还存在部分教师的内在动力被唤醒得不够彻底、持久力欠缺等问题。说明教师专业发展是个系统工程、常态工程,需要系统建构、长远思考、持续推进。

第四章 行动研究结果讨论

一、行动研究数据分析

（一）教师问卷调查结果分析

为了更好地了解贵阳市第二中学教师专业自主发展高原期的现状，课题组于2016年和2020年分别对学校141名教师进行"职业现状"问卷调查，发出问卷141份，回收141份，回收率100%，并对问卷进行统计分析。

1. 教师情感高原前后测结果对比

（1）我对工作逐渐失去了激情（不同意）

如图4-1所示，教师不认为对工作逐渐失去了激情的统计结果显示，2016年的人数为82人，所占百分比为58.16%；2020年的人数为124人，所占百分比为87.94%。其中，2020年的人数比2016年多了42人，增加了29.78个百分点。说明课题组实施行动以来，更多的教师对自己的工作从逐渐失去激情转变为慢慢有了更多激情。

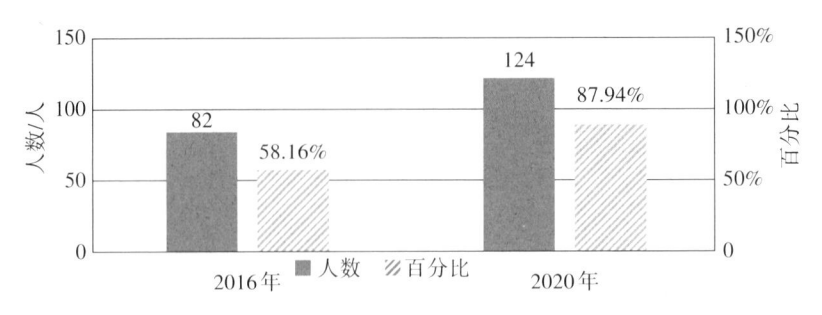

图4-1 教师不同意对工作逐渐失去了激情的统计结果

（2）工作中我不想承担责任（不同意）

如图4-2所示，从教师不同意在工作中不承担责任的统计结果中可看出，2016年的人数为98人，所占百分比为69.50%；2020年的人数为126人，所占百分比为89.36%；2020年的人数比2016年的人数增加了28人，增加了19.86个百分点。说明课题组实施行动以来，更多的教师对自己的工作职责有了新的认识，并愿意在工作中承担责任。

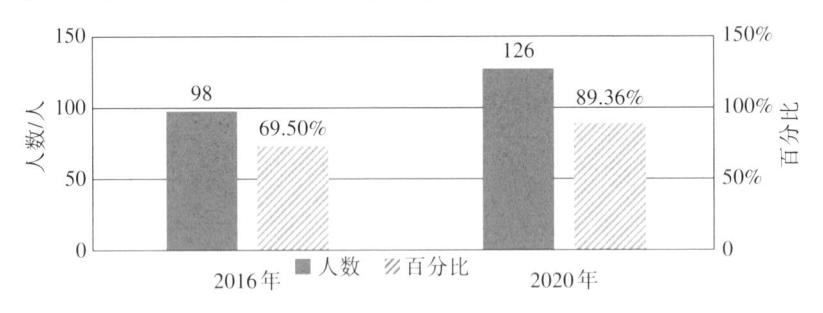

图4-2 教师不同意在工作中不承担责任的统计结果

（3）目前我只是习惯性地工作（不同意）

如图4-3所示，从教师不同意目前自己的工作只是习惯性工作的统计结果中可看出，2016年的人数为81人，所占百分比为57.45%；2020年的人数为130人，所占百分比为92.20%；2020年的人数比2016年的人数增加了49人，增加了34.75个百分点。说明课题组实施行动以来，更多的教师不认为目前自己的工作只是习惯性的、一成不变的工作。

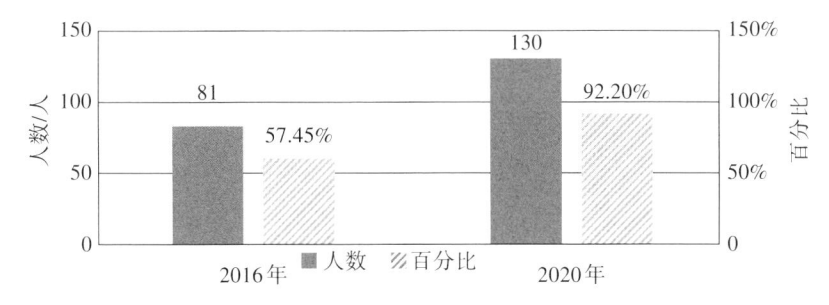

图 4-3　教师不同意目前自己的工作只是习惯性工作的统计结果

（4）我看到学生就会烦躁（不同意）

如图 4-4 所示，从教师不同意看到学生就会烦躁的统计结果中可以看出，2016 年的人数为 113 人，所占百分比为 80.14%；2020 年的人数为 130 人，所占百分比为 92.20%。从人数来看，2020 年比 2016 年增加了 17 人，增加了 12.06 个百分点。说明课题组实施行动以来，有更多的教师不会对学生产生烦躁心理。

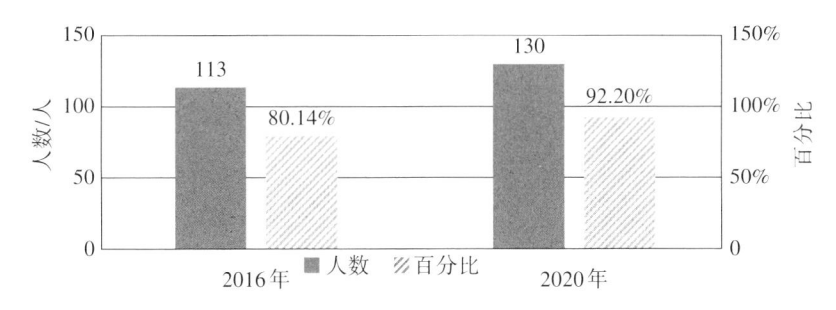

图 4-4　教师不同意看到学生就会烦躁的统计结果

（5）我逐渐对教育教学失去了兴趣（不同意）

如图 4-5 所示，从教师不同意逐渐对教育教学失去了兴趣的统计结果中可以看出，2016 年的人数为 95 人，所占百分比为 67.38%；2020 年的人数为 123 人，所占百分比为 87.23%。2020 年的人数比 2016 年的人数多了 28 人，增加了 19.85 个百分点。说明课题组实施行动以来，更多的教师对教育教学非常有兴趣。

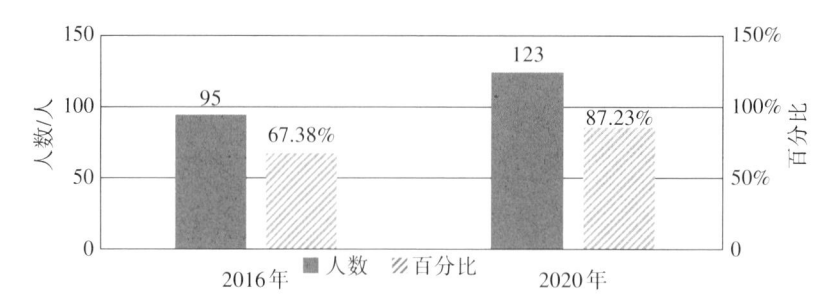

图 4-5　教师不同意逐渐对教育教学失去了兴趣的统计结果

（6）我面对工作很难全身心投入（不同意）

如图 4-6 所示，从教师不同意面对工作很难全身心投入的统计结果中可以看出，2016 年的人数为 91 人，所占百分比为 64.54%；2020 年的人数为 119 人，所占百分比为 84.40%；2020 年的人数比 2016 年的人数增加 28 人，增加了 19.86 个百分点。说明课题组实施行动以来，更多的教师面对工作会全身心投入。

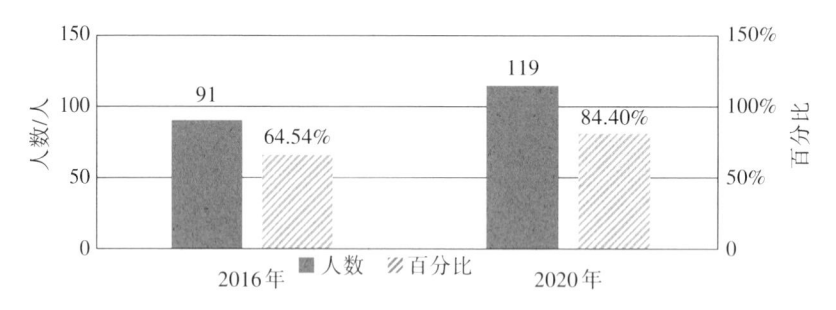

图 4-6　教师不同意面对工作很难全身心投入的统计结果

（7）我愿意自觉更新教学理念（同意）

如图 4-7 所示，从教师同意愿意自觉更新教学理念的统计结果中可以看出，2016 年的人数为 74 人，所占百分比为 52.48%；2020 年的人数为 131 人，所占百分比为 92.91%。2020 年比 2016 年的人数增加了 57 人，增加了 40.43 个百分点。表明课题组实施行动以来，更多的教师会愿意自觉更新教学理念。

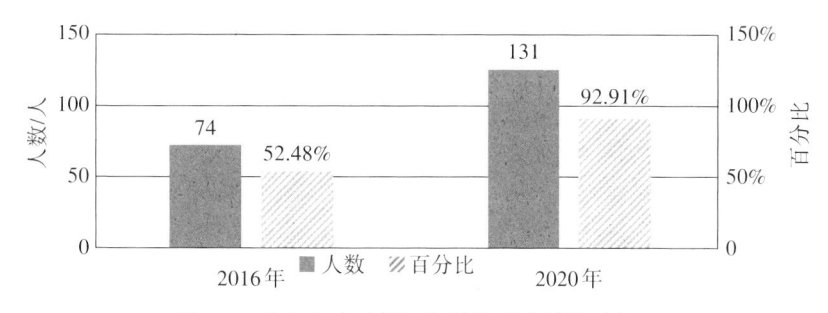

图 4-7 教师愿意自觉更新教学理念的统计结果

(8) 我相信通过自身努力能够将教育工作做好(同意)

如图 4-8 所示,从调查教师相信通过自身努力能够将教育工作做好的统计结果中可以看出,2016 年的人数为 99 人,所占百分比为 70.21%;2020 年的人数为 135 人,所占百分比高达 95.74%。从人数来看,2020 年比 2016 年增加了 36 人,增加了 25.53 个百分点。表明课题组实施行动以来,更多的教师相信通过自身努力能够将教育工作做好,并对教育工作有了更多的信心。

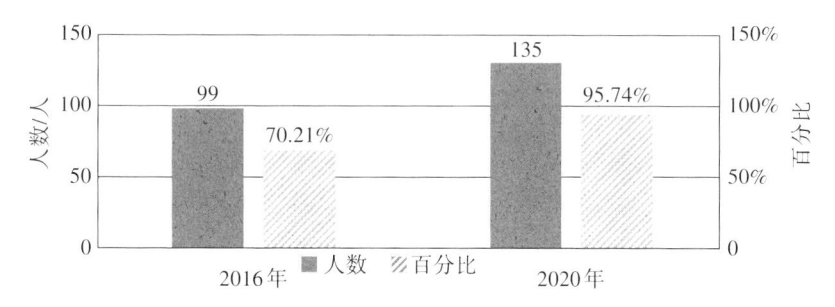

图 4-8 教师相信通过自身努力能够将教育工作做好的统计结果

2. 教师技能高原前后测结果对比

(1) 我觉得在教学技能上已到瓶颈(不同意)

如图 4-9 所示,在教师不同意在教学技能上已到瓶颈的统计结果中,2016 年的人数为 110 人,所占百分比为 78.01%;2020 年的人数为 124 人,所占百分比为 87.94%。从数据可看出,2020 年的结果比 2016 年的结果更理想,说明课题组在实施行动后,有更多教师持自己的教学技能未达到瓶颈的看法。

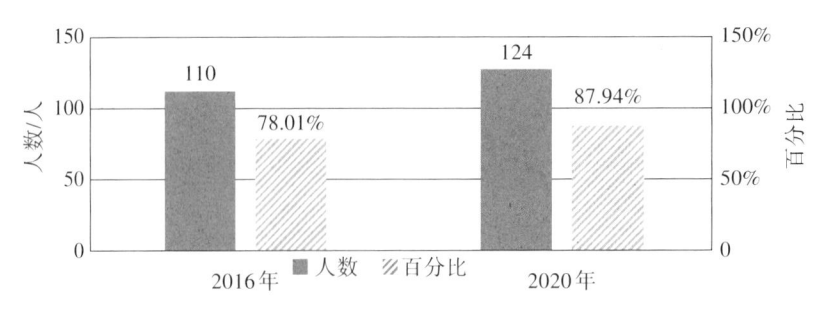

图4-9 教师不同意在教学技能上已到瓶颈的统计结果

（2）我觉得我的教学水平已到达了顶峰（不同意）

如图4-10所示，在教师不同意教学水平已经达到顶峰的统计结果中，2016年的人数为86人，所占百分比为60.99%；2020年的人数为129人，所占百分比为91.49%。2020年的人数比2016年的增加了43人，上升了30.50个百分点。由此可看出，课题组实施行动后，教师在自己的教学水平方面更有追求。

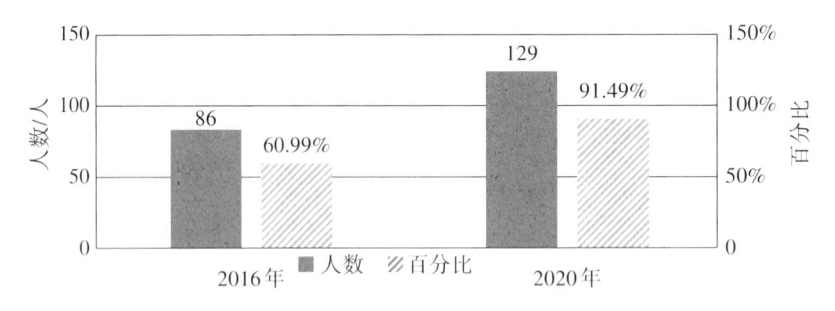

图4-10 教师不同意教学水平已经达到顶峰的统计结果

（3）我觉得我的教学水平已很难跟上时代（不同意）

如图4-11所示，从教师不同意自己的教学水平跟不上时代的统计结果可看出，2016年有85人不同意，所占百分比为60.28%；2020年有127人不同意，所占百分比为90.07%。2020年的人数比2016年的人数上升了42人，上升了29.79个百分点。由此可看出，课题组实施行动后，教师对自己的教学水平更加自信了，更能跟上时代的需要了。

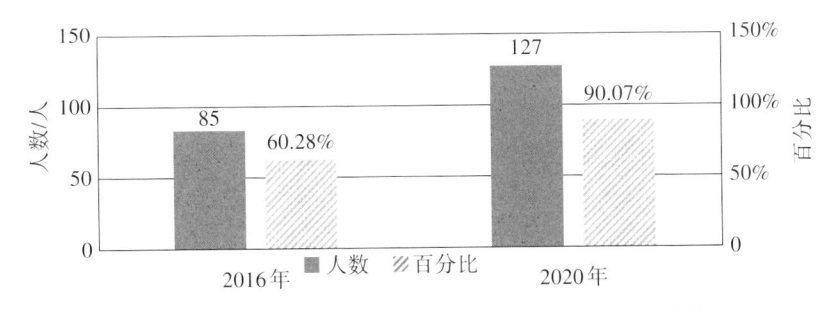

图4-11 教师不同意自己的教学水平跟不上时代的统计结果

(4)我感觉我的专业技能较难适应新高考(不同意)

如图4-12所示,教师不同意自己的专业技能较难适应新高考的统计结果显示,2016年的人数是73人,所占百分比为51.77%;2020年有128人不同意,所占百分比为90.78%。可以看出2020年的人数比2016年的人数增加了55人,上升了39.01个百分点。由此可看出,课题组实施行动后,教师对自己的专业技能能够适应新高考更有信心。

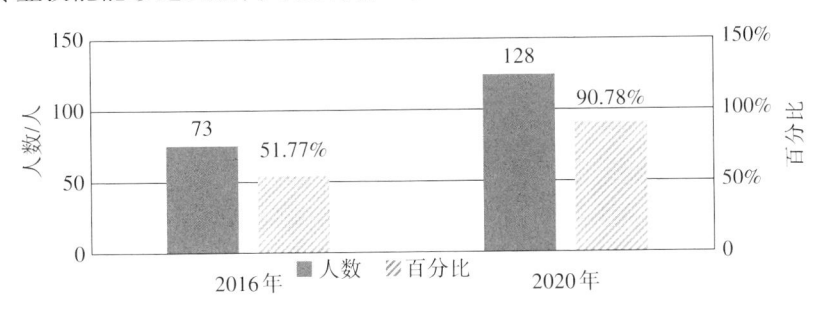

图4-12 教师不同意自己的专业技能较难适应新高考的统计结果

(5)我会积极探索教学新方法(同意)

如图4-13所示,从教师同意会积极探索教学新方法的统计结果中可看出,2016年的人数为58人,所占百分比为41.13%;2020年的人数为129人,所占百分比为91.49%。其中2020年比2016年的人数增加了71人,上升了50.36个百分点。说明课题组实施行动以来,更多的教师会选择积极探索教学新方法。

129

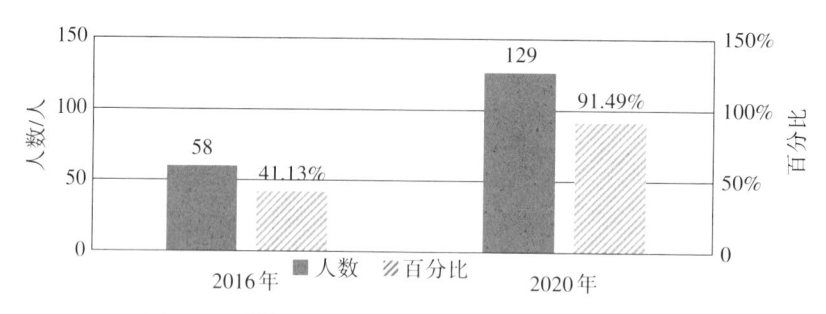

图4-13　教师同意会积极探索教学新方法的统计结果

(6)我常通过自主学习来提高自己的专业素质(同意)

如图4-14所示,从教师同意常通过自主学习提高专业素养的统计结果中可看出,2016年的人数为72人,所占百分比为51.06%,2020年的人数为128人,所占百分比为90.78%,2020年比2016年的人数增加了56人,增加了39.72个百分点。说明课题组实施行动以来,更多的教师常通过自主学习来提高自己的专业素养。

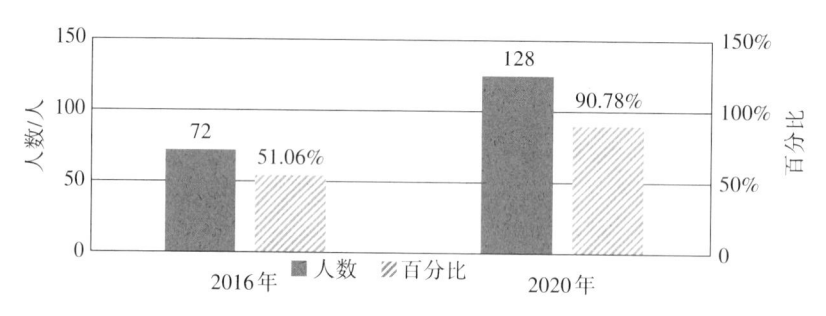

图4-14　教师同意常通过自主学习提高专业素养的统计结果

(7)我意识到过去的教育教学工作中还有很多值得改进的地方(同意)

如图4-15所示,从教师同意过去的教育教学工作中还有很多值得改进的地方的统计结果中可以知道,2016年的人数为103人,所占百分比为73.05%;2020年的人数为131人,所占百分比为92.91%。2020年的人数比2016年增加了28人,上升了19.86个百分点。说明课题组实施行动以来,更多的教师认识到自己过去的教育教学工作还存在待改进的地方,也对自己的工作有了更好的认识。

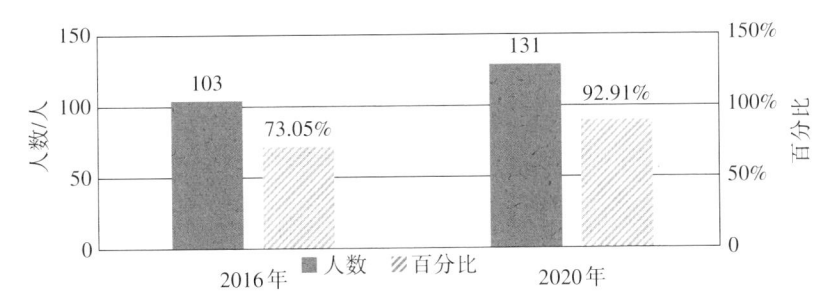

图 4-15 教师同意过去的教育教学工作中还有很多值得改进的地方的统计结果

(8)我愿意积极参加各种教育教学培训(同意)

如图 4-16 所示,在教师同意积极参加各种教育教学培训的统计结果中,2016 年的人数为 87 人,所占百分比为 61.70%,2020 年的人数为 128 人,所占百分比为 90.78%,其中 2020 年的人数比 2016 年的增加了 41 人,上升了 29.08 个百分点。说明课题组实施行动以来,更多的教师会积极参加各种教育教学培训。

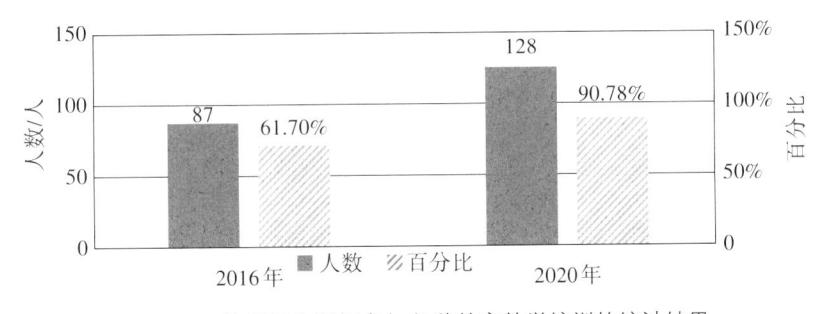

图 4-16 教师愿意积极参加各种教育教学培训的统计结果

(9)我经常主动参与所任教学科的教研或课题研究(同意)

如图 4-17 所示,从教师同意经常主动参与所任教学科的教研或课题研究的统计结果中可知,2016 年的人数为 63 人,所占百分比为 44.68%;2020 年的人数为 119 人,所占百分比为 84.40%。因此 2020 年的人数比 2016 年的人数增加了 56 人,增加了 39.72 个百分点。说明课题组实施行动以来,更多的教师会经常主动参与所任教学科的教研或课题研究。

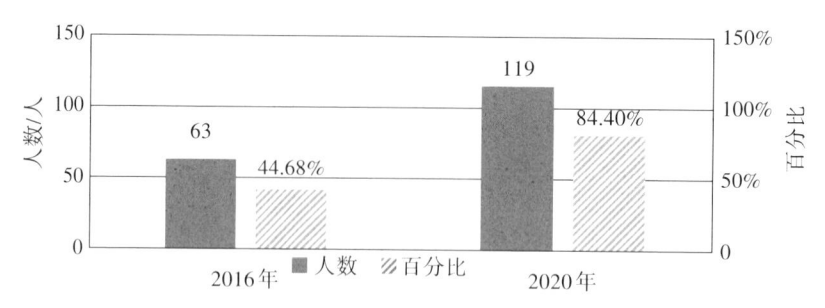

图4-17 教师同意经常主动参与所任教学科的教研或课题研究的统计结果

3.教师发展高原前后测结果对比

(1)我觉得在学校进一步晋升的空间非常有限(不同意)

如图4-18所示,从教师不同意晋升空间非常有限的统计结果来看,2016年的人数是68人,所占百分比为48.23%;2020年的人数是125人,所占百分比为88.65%。其中,2020年比2016年上升了40.42个百分点。该项统计结果中数据的大幅上升说明课题组实施行动后,很多教师对在学校能够得到进一步晋升持乐观态度。

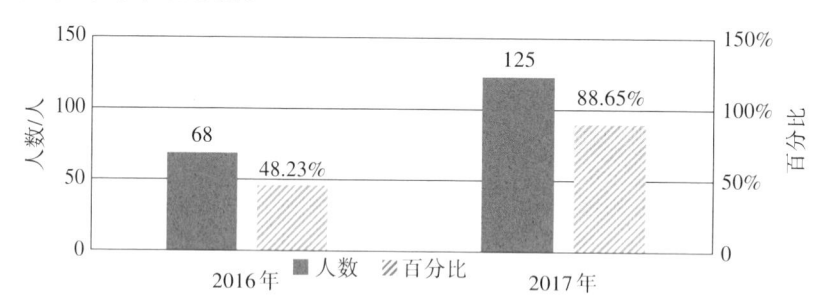

图4-18 教师不同意晋升空间非常有限的统计结果

(2)我感觉在职称上晋级晋岗的可能性很小(不同意)

如图4-19所示,在教师不同意在职称上晋级晋岗的可能性很小的统计结果中,2016年的人数为57人,所占百分比为40.43%;2020年的人数为128人,所占百分比为90.78%。其中2020年比2016年上升了50.35个百分点,该项统计结果中数据的大幅上升说明课题组实施行动后,教师普遍认为职称上晋级晋岗可以得到实现。

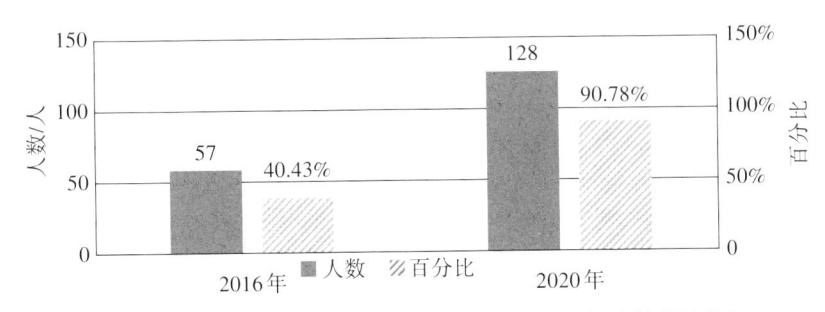

图4-19 教师不同意在职称上晋级晋岗的可能性很小的统计结果

（3）我感到自己目前的专业发展处于停滞状态（不同意）

如图4-20所示，从教师不同意自己目前的专业发展处于停滞状态的统计结果中可看出，2016年的人数为82人，所占百分比为58.16%；2020年的人数为123人，所占百分比为87.23%。2020年的人数比2016年的人数增加了41人，增加了29.07个百分点。说明课题组的行动实施后，更多的教师认为自己的专业发展有上升的空间，不是处于停滞状态。

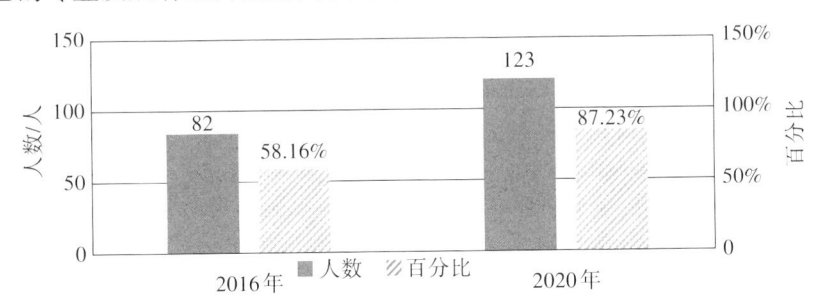

图4-20 教师不同意自己目前的专业发展处于停滞状态的统计结果

（4）我认为教师的专业自主发展很有必要（同意）

如图4-21所示，从教师同意专业自主发展很有必要的统计结果可以看出，2016年的人数为93人，所占百分比为65.96%；2020年的人数为122人，所占百分比为86.52%。其中，2020年的人数比2016年的人数增加了29人，上升了20.56个百分点。说明课题组的行动实施后，更多的教师同意专业自主发展很有必要。

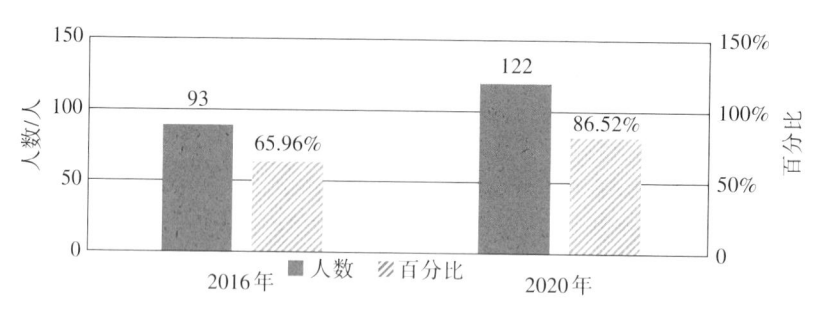

图4-21　教师同意专业自主发展很有必要的统计结果

(5)我已经制定了相应的专业发展规划(同意)

如图4-22所示,在教师制定了相应的专业发展规划统计结果中,2016年的人数为63人,所占百分比为44.68%;2020年的人数为134人,所占百分比为95.04%。从这一组数据可看出,2020年的人数比2016年的人数增加了71人,上升了50.36个百分点,说明在课题组实施行动后,更多的教师对自己的专业发展做出了相应的规划。

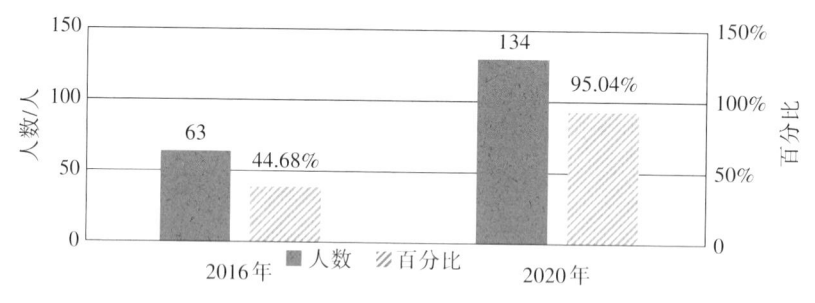

图4-22　教师制定了相应的专业发展规划统计结果

(6)我非常明确自己想要成为哪种类型的教师(同意)

如图4-23所示,在调查教师明确自己想要成为哪种类型的教师的统计结果中,2016年的人数为63人,所占百分比为44.68%;而2020年的人数为119人,所占百分比为84.40%。其中2020年的人数比2016年的增加了56人,上升了39.72个百分点。由此可看出,课题组实施行动后,教师们都有了明显的变化,对自己想成为怎样的教师有了更加明确的认识。

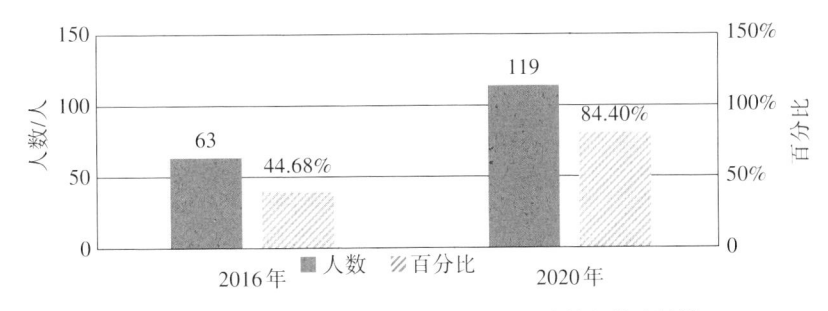

图 4-23 教师明确自己想要成为哪种类型的教师的统计结果

(7)每学期开学初,我都会从教学成绩方面主动制订计划(同意)

如图 4-24 所示,在教师同意每学期开学初会主动从教学成绩方面制订计划的统计结果中,2016 年的人数为 70 人,所占百分比为 49.65%;2020 年的人数为 126 人,所占百分比为 89.36%。其中,2020 年的人数增加了 56 人,增加了 39.71 个百分点。由以上数据可看出,课题组实施行动后,教师在教学成绩方面制订计划的主动性得到较大的提升。

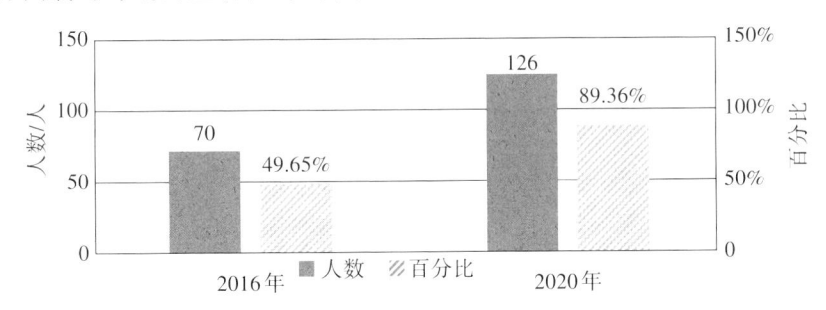

图 4-24 教师同意自己每学期开学初会从教学成绩方面主动制订计划统计结果

(8)每学期开学初,我都会从个人发展方面主动制订计划(同意)

如图 4-25 所示,在教师同意每学期开学初会主动制订个人发展计划的统计结果中,2016 年的人数为 55 人,所占百分比为 39.01%;2020 年的人数为 125 人,所占百分比为 88.65%。其中,2020 年的人数比 2016 年的增加了 70 人,增加了 49.64 个百分点。由此可看出,课题组开展行动后,越来越多的教师每学期初都会从个人发展方面主动制订计划。

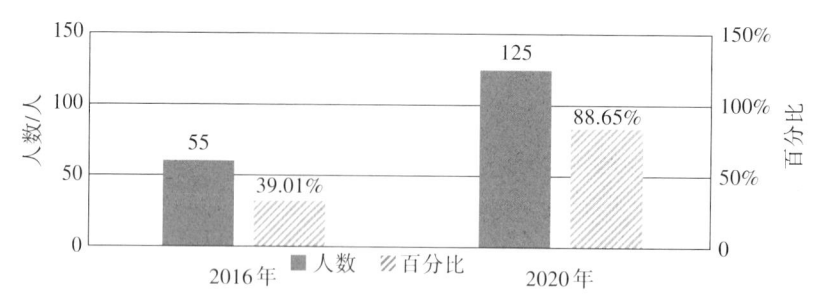

图4-25 教师同意每学期开学初会主动制订个人发展计划的统计结果

(二)教师专业自主发展能力提升明显

课题实施后,高原期教师群体原先不敢争先或不屑争先的慵懒懈怠状态大为改变,整体呈现出想干、敢干、能干和争着干的蓬勃态势,并步入了近20年来最佳发展状态。教师专业自主发展能力提升表现在以下三个方面。

一是科研意识和能力增强。课题实施以来,学校教师申报立项市级以上课题30余项,且首次实现教育部课题和省级重点课题零的突破;教师参与课题研究达140余人次,参与课题研究教师占比(占全校老师总人数)近80%,尤其可喜的是后勤人员和行政人员都积极参加两项省级课题的研究工作。教师在研究中实现职业内涵的深化与具体化,在较高的职业站位思考中理解和升华工作的意义,化解工作问题的困扰,改变高原期的消极懈怠状态。

二是科研成果物化意识和运用能力增强。在本课题的影响下,学校教师的成果物化意识明显增强,越来越多的教师将研究成果撰写成论文和著作。课题实施期间,学校教师共发表论文100余篇,出版著作10余本,并在教育教学工作中广泛运用课题结果,或以研究成果为指导,参加教学竞赛。5年中,学校获得各级各类教学竞赛奖50余项,或在教育教学研讨会议中承担讲座任务,学校教师承担市级以上讲座培训任务300余场。其中,导师制、"学习任务清单"销号制、情境教学、契合教学等成果已经成为常规教学模式,成为学校提升教学成绩的有效支撑。教师减少了时间和精力的消耗,高原期的疲惫感得以减轻。

三是专业发展的目标变得清晰并得以实现。在课题实施过程中,课题组建立了教师发展目标阶梯,让教师有了明确的发展方向,激活了教师发展内驱力,使教师专业自主发展步入良性轨道,走出高原期。

越来越多的教师实现了专业发展的阶段目标,获得正面激励。2016年以来通过该课题的辐射与引领,共产生了特级教师6名,正高级教师6名,省级骨干教师2名,省级名校长、名师共3人,市级名校长、名师共4人,省市级名校长或名师工作室(坊)8个;参与子课题研究的教师中1人获市管专家称号,3人成为贵阳市百名学科带头人培养对象,16人成为市级骨干,15人成为贵阳市教坛新秀。教师在各类比赛中获奖百余项。

(三)教师的育人业绩得到大幅提升

课题开始实施后,学校教师辅导学生竞赛的能力得到增强。2016年以来,教师辅导学生在艺术、体育、科技等竞赛中获得了不俗的成绩,表现为以下三个特点。

一是覆盖广,种类多。科创方面,教师辅导学生参加的科创类比赛涵盖中国青少年机器人比赛选拔赛、中国电脑制作大赛选拔赛、全国青少年创新大赛、全国北斗杯比赛、全国地理科技大赛、头脑奥林匹克创新大赛、省市3D创意比赛、省市级创客比赛、高校科学营等,具体项目有发明创新、发明创意、3D打印、无人机、科学微视频、科技实践活动、模型赛、科技辅导员、科技实践活动、创意编程、开源电子等,此外还有演讲比赛、合唱比赛和课本剧表演等文艺类以及足球、篮球、游泳等体育类项目。

二是数量多,档次高。5年中,教师辅导学生竞赛获奖共计150余项,其中集体荣誉6项,获奖级别及等次获得巨大突破,国家级奖项11项,省级奖项66项(一等奖20余项,二等奖20余项,三等奖及优秀奖若干)(见表4-1)如2017年王维秀老师辅导学生获全国首届"少年微星创客马拉松比赛"金奖,所在学校被评为获全国首颗中小学生"少年星原型样星"共同研制单位。

表4-1　2016—2020年学生各级各类获奖统计　　　　（单位：项）

奖次	2016年	2017年	2018年	2019年	2020年	合计
国家级	1	5	1	1	3	11
省级	14	16	7	20	9	66
市级	12	16	25	7	20	80

三是效果好，影响大。课题开展以来，中青年教师中涌现出一批文体科创辅导骨干，校本课程也因此变得丰富多彩，其种数由课题实施前的寥寥几门增加到30余门。他们的教学成果得到省内外各大媒体的关注报道，辅导教师王维秀、付定涛等的事迹被人民网、黔学帮等各大媒体多次报道，他们的发展内驱力被激活，走出了职业高原期。

（四）教师的教学成绩得到大幅提升

贵阳市第二中学的生源由贵阳市第二中学本部和贵阳市第二中学中外项目班两个部分组成，本部学生录取分数为城区示范性高中分数线，中外项目部班学生录取分数线为贵阳市普通高中分数线。

从表4-2中可知，2015届，贵州省一本上线率为7.60%，二本上线率为38.96%；2019届，贵州省一本上线率为11.90%，二本上线率为52.71%。课题实施后，2019届贵阳市第二中学本部高考一本上线率比2015届提升了25.55个百分点，二本上线率提升了40.33个百分点；2019届贵阳市第二中学中外项目班高考一本上线率比2015届提升了16.04个百分点，二本上线率提升了48.84个百分点。这些数据表明学校教师在侧重于知识运用的高考教学上有长足进步。

表4-2　课题实施前后贵阳市第二中学本部和中外项目部的高考成绩对比表

课题实施前后贵阳市第二中学本部学生高考上线情况对比表								
届别	参考人数/人	一本上线人数/人	一本上线率	贵州省一本上线率	二本上线人数/人	二本上线率	贵州省二本上线率
2015届	491	45	9.16%	7.60%	231	47.05%	38.96%
2019届	507	176	34.71%	11.90%	443	87.38%	52.71%

课题实施前后贵阳市第二中学中外项目班学生高考上线情况对比表								
届别	参考人数/人	一本上线人数/人	一本上线率	贵州省一本上线率	二本上线人数/人	二本上线率	贵州省二本上线率
2015届	127	1	0.79%	7.60%	9	7.09%	38.96%
2019届	177	17	16.83%	11.90%	99	55.93%	52.71%

学考为全省统一命题、各地州市统一阅卷,语数外除有30—45分的主观题外,其余均为客观题,因此,学考数据具有客观性,能作为课题实施效果检验数据。贵阳市第二中学生源相对稳定,在全市初中毕业生中,录取位次在6000名左右。

从表4-3可知,课题实施后的2019届学生的学考成绩全AB率即优良率相比实施前的2015届有巨大提升,贵阳市第二中学本部的全AB率增加了49.27个百分点,中外项目班的全AB率增加了29.35个百分点。贵阳市第二中学本部单科最大提升幅度为化学,提升了44.60个百分点,提升幅度最小的是信息技术,提升了1.12个百分点。贵阳市第二中学中外项目班单科最大提升幅度为物理,提升了42.81个百分点,提升幅度最小的是信息技术,提升了3.60个百分点,除信息技术外,其余学科的提升幅度均在两位数以上。这些数据表明,课题实施后,学校教师在夯实学生基础知识上有巨大的进步。

表4-3 课题实施前后贵阳市第二中学本部和中外项目部的学考成绩台账对比

贵阳市第二中学学考成绩台账（贵阳市第二中学本部）													
届别	总人数/人	第一轮										全AB	
^	^	应考科目（优良率）										人数/人	比例
^	^	物理	化学	生物	历史	地理	政治	语文	数学	英语	信息技术	通用技术	^	^
2015届	530	73.22%	50.56%	61.05%	71.16%	74.16%	57.55%	62.93%	76.43%	69.96%	97.91%	88.05%	86	16.23%
2019届	516	93.23%	95.16%	89.56%	87.40%	89.94%	86.07%	87.77%	92.22%	94.56%	99.03%	91.26%	338	65.50%

贵阳市第二中学学考成绩台账（贵阳市第二中学中外项目班）													
届别	总人数/人	第一轮										全AB	
^	^	应考科目（优良率）										人数/人	比例
^	^	物理	化学	生物	历史	地理	政治	语文	数学	英语	信息技术	通用技术	^	^
2015届	145	36.11%	44.14%	53.79%	48.97%	62.76%	37.93%	40.43%	33.80%	49.65%	90.97%	62.68%	0	0.00%
2019届	184	78.92%	78.92%	75.68%	61.62%	72.97%	67.03%	70.11%	76.50%	81.52%	94.57%	82.61%	54	29.35%

为了更加直观地了解课题实施对高原期教师个体的影响，课题组从各高考学科教研组抽选一位30岁至55岁教师同时任教2015届和2019届，并对其相同层次班级教学成绩进行了跟踪观察。因高考文综成绩和理综成绩以综合分呈现，不利于分科观察。所以，课题组选择学考成绩作为对比数据，见表4-4。

表4-4 课题实施前后个例教师成绩对比表

学科	教师姓名	教师年龄	2015届 任教班级	2015届 班级层次	2015届 学科优良率	2019届 任教班级	2019届 班级层次	2019届 学科优良率	对比
语文	杨××	35岁	高二(2)班	理科班	87.23%	高二(3)班	理科班	97.96%	10.73%
数学	蹇××	40岁	高二(7)班	理科班	85.71%	高二(8)班	理科班	86.00%	0.29%
英语	田××	55岁	高二(11)班	文科班	74.42%	高二(13)班	文科班	77.27%	2.85%
物理	班××	46岁	高二(2)班	理科班	100.00%	高二(3)班	理科班	100.00%	0.00%
化学	王××	48岁	高二(12)班	文科班	30.43%	高二(14)班	文科班	55.56%	25.12%
生物	吉××	40岁	高二(1)班	理科班	98.08%	高二(2)班	理科班	100.00%	1.92%
历史	代××	55岁	高二(7)班	理科班	48.00%	高二(5)班	理科班	71.79%	23.79%
地理	杨××	36岁	高二(2)班	理科班	94.00%	高二(3)班	理科班	100.00%	6.00%
政治	刘××	50岁	高二(2)班	理科班	82.00%	高二(2)班	理科班	97.83%	15.83%

表4-4所呈现的信息具有以下3个特点：一是覆盖全面，兼顾所有学科和学校各层次班级，教师年龄覆盖了高原期易发的30—55岁；二是一致性，教师所任教班级层次一致，减少了学生生源不一致带来的影响；三是增长性，9位教师的学考成绩除物理老师保持100%优良率外，其余均有不同幅度的提升，且提升幅度最大的是年龄偏大的3位教师，化学王老师提升了25.13个百分点，历史代老师提升了23.79个百分点，政治刘老师提升了15.83个百分点。

以上数据表明课题实施对促进教师尤其是高原期教师教学成绩的整体提升效果显著。

(五)教师的发展促进了学校办学质量的提升

教师的发展促进学校的发展。随着教师专业水平的提升,学校的办学质量逐年提高。

成绩:2016年连续荣获贵阳市"入出口"评估一等奖,评估成绩位列贵阳市第三名,全市城区二类示范高中第一名。2019届学考、高考成绩创学校近十年新高。

荣誉:学校集体实现国家级荣誉零的突破(见表4-5),被评为普通高中新课程与新教材实施国家级示范校、全国校园篮球特色学校、"中国水学校";教师培训专项荣誉丰收,被评为贵州省校本研修示范学校、贵州省"十二五"继续教育先进集体、贵州省中小学教师专业发展示范基地校等。

表4-5　学校集体荣誉　　　　　　　　(单位:项)

奖次	2016年	2017年	2018年	2019年	2020年	合计
国家级	0	1	0	1	1	3
省级	2	1	0	4	0	7
市级	6	7	4	6	9	32

课程:学校开设校本课程30余门,种类丰富,涵盖文学、影视、体育、音乐、美术、书法、科创、饮食等各大门类,多方面培养学生的综合素养。

辐射影响:学校申报成立省教育厅、市教育局命名的省级名校长工作室、省级名师工作室、市级名师工作室、市级名班主任工作室10个,学员覆盖全省;承办全国校长优秀教育思想论坛、贵山大讲坛等全国交流会,并做教育思想交流发言;承接广西金秀民族中学的结对帮扶工作。这些成绩和影响让学校在全国业内享有较高的知名度。

二、研究结论

(一)情感高原状态得到极大改善

调查问卷前测数据统计显示,很多教师因工作繁忙未能有效协调工作和家庭生活的矛盾,常处于焦虑和急躁之中等,近三成教师职业认同感低,对教师职业兴趣不高。调查问卷后测数据统计显示,贵阳市第二中学教师的情感高原状态得到极大改善,表现在三个方面:一是教师职业认同感增强,对工作保有激情的教师增加到87.94%,对教育教学保有兴趣的教师增加到87.23%,能够全身心投入工作的教师增加到84.40%,状态的改变缘自对职业的情感认同;二是教师职业责任感突显,工作中愿意承担更多责任的教师增加到89.36%,愿意关爱学生,对学生保有爱心、耐心的教师达到92.20%,走出习惯性工作状态愿意自觉更新教学理念的教师达到92.91%;三是教师心理压力得到减轻,95.74%的教师相信通过自身努力能够将教育工作做好,这是一种健康心态,包含了自信、自觉、自强等心理暗示,是一种敢于承担繁重工作、能全身心投入、对自己专业技能充满自信的强大心理状态的表现。

(二)技能高原现象得到彻底改观

调查问卷前后测数据统计显示,课题组实施行动后,贵阳市第二中学教师的技能高原现象得到彻底改观,表现在三个方面:一是专业技能提升意识被唤醒,91.49%的教师改变了自我固化的观念,不再认为自己的教学水平达到了顶峰,意识到过去的教育教学工作中还有很多值得改进的地方,愿意接受新的教学理念和技能;二是专业技能提升自信被激活,面对新时代、新课改的要求,90.78%的教师认为自己可以适应;三是专业技能提升路径得到引领,91.49%的教师愿意积极探索教学新方法,通过自主学习来提高自己的专业素质,积极参加各种教育教学培训,84.40%的教师选择经常主动参与所任教学科的教研或课题研究来提升自己的专业技能。课题实施前的自满、自卑和找不到提升途径的迷茫状态得到彻底改观。

(三)发展高原危机得到根本缓解

调查问卷前后测数据统计显示,课题组实施行动后,贵阳市第二中学教师的发展高原危机得到根本缓解,其表现在以下三个方面:一是专业发展空间得以扩展,88.65%的教师不再认为晋升空间非常有限,90.78%的教师认为职称晋升有希望,87.23%的教师认为已经走出职业发展停滞状态,教师的回答表明,在课题实施后教师的专业发展空间得到扩展,并已成为一种受制度保护的常态;二是教师的专业发展意愿增强,86.52%的教师认识到专业自主发展的必要性,84.40%的教师有了自己明确的专业发展方向;三是专业发展规划已成为自觉常态,95.04%的教师有了自己的专业发展规划,并具体落实到每个学期。课题实施前认为自己工作被动,缺乏上进心和进取意识,缺乏明确的专业发展方向、专业发展规划的状态得以改变。

本课题的研究人员均为高中一线教师,他们的科研素养还不够高,因此有些问题仍未得到很好解决。主要有:因个人性格因素导致的高原期教师的专业自主发展滞后问题,由家庭因素导致的高原期教师的专业自主发展滞后问题。这两类问题有待后期更深入地研究。

第五章 以办学理念促进高原期教师专业自主发展的策略建议

党的十九大报告指出,建设教育强国是中华民族伟大复兴的基础工程,必须把教育事业放在优先位置,深化教育改革,加强教育现代化,办好人民满意的教育。加强教师队伍建设,厚植教育情怀、提升教育技能、强化使命担当是培养能担当民族复兴大任的人才之需,也是造就德智体美劳全面发展的社会主义建设者和接班人的人力保障,因此教师是立教之本、兴教之源,能否解决教师发展问题直接关系到教育改革与发展的成败。

然而,教育一线的现实情况是不少教师不同程度地步入了职业高原期,职业情感冷淡、技能提升滞缓、工作效果欠佳,这种状况严重影响了教师队伍的健康成长,甚至还会将负能量传递给学生,直接影响了教育质量,影响到青少年的健康成长,从某种意义上讲有悖于党和国家对教育公平的要求。基于以往众多对职业高原期的普遍性和危害性的研究,课题组在办学理念的指引下强化价值追求和使命担当,探索了理念落地的三轮行动方案,对高原期教师走出专业自主发展困境产生了较好的促进作用。

我们发现,这种研究包含内驱力唤醒、技能引领、机制保障、评价激励等方面,开拓了高原期教师专业自主发展路径,具有较好的实操性和实效性,并形成了一套行之有效的策略方法。基于此,我们对以办学理念促进教师职业高原期专业自主发展提出如下策略建议。

一、凝练办学理念促进队伍建设的建议

教育思想是校长领导学校发展的指南和根本,是对教育价值的根本追求和对教育规律的本质思考,办学理念是校长教育思想的具体体现。教育的根本问题是"为谁培养人、培养什么人、怎样培养人",其终极目标是要促进人的全面和谐发展。党的教育方针要求每个教育工作者都应该将"为党育人、为国育才"作为自己的价值追求,因此办学理念解决的是目标引领与价值导向的问题,即有思想的校长才能带出有思想的队伍,有思想的教师方可培育出有思想的学生。通过研究,课题组对办学理念的凝练及运用提出如下建议。

(一)凝练办学理念

1.结合办学实际明确价值追求

一般来说,办学理念源于对教育的理解和追求,源于自身成长的经历和学校的办学底蕴,它植根于学校的办学历史和办学实际,影响着全体师生的价值追求。各校的校情不同,价值追求也有所不同,究其原因有以下差异:一是地域差异,即学校所处地理环境不同,相应的地域文化也往往不同;二是文化差异,即学校不同的办学历史形成了不同的文化底蕴,而这种文化认同对学校的内涵发展将会产生深远的影响;三是定位差异,即学校因生源结构、办学条件、办学业绩等原因,形成了不同的服务对象和社会定位,因此各校价值追求的表述也有所不同,如培养卓越领军人才、培养守望麦田的劳动者和建设者、培养传承红色基因的时代新人等。

共性的一点是,党的教育方针规定了"为谁培养人、培养什么人、怎样培养人"的根本性问题,无论何种表述、何种定位,坚持立德树人,坚持为党育人、为国育才才是我们教育人共同的价值追求,培养德智体美劳全面发展的社会主义建设者和接班人,培养能担当民族复兴大任的时代新人是所有教师必须坚守的初心!校长的价值领导力、课程领导力与组织领导力都必须以此为根本遵循,这就为教师队伍建设提供了价值指引。当教师的职业生涯与专业发展被赋予了时代特色、国家重任时,教师的职业情感也会发生深刻变化,从而由职业被动走向职业自觉。

2. 遵循教育规律确保理念适恰

办学理念是学校教育教学工作的灵魂,一切办学理念的宗旨在育人,必须遵循教育规律。教育规律同其他规律一样,是不以人的意志为转移的客观事物(教育内部诸因素之间、教育与其他事物之间)内在的、必然的本质性联系,以及事物(教育)发展变化的必然趋势。因此,教育理念的凝练要遵循师生的认知规律、个性特点和社会特性,符合教育发展的规律,在促进师生发展的同时形成广大师生的价值认同、理念认同。不考虑育人的办学理念是空洞浮华、偏离了基本方向的,遵循教育规律的办学理念才是具有生命力的理念,才能促进学校的长效发展。

贵阳市第二中学的办学理念"教育:唤醒·陪伴·引领"就是在遵循教育规律、植根学校80余年办学历史的土壤中形成并发展起来的。它之所以能得到广大师生的认同,并成为学校工作的基本遵循主要有以下几点原因:一是充分考虑了教育的认知规律,由内驱力唤醒,再到过程陪伴,最后到关键环节引领,符合个体成长规律;二是充分体现了对学生个性的呵护,将学生视作生命个体,强调学生由内而外的转变与升华,而非外界强力的硬性干预;三是充分体现了社会的共性要求,"唤醒什么"是对社会要求的回应,"用什么引领"是对社会发展水平的应用。

3.教师认同助力办学理念落地

成功的办学理念既要有历史文化的根基,又要有对时代现实的观照,它是学校对时代教育价值的集中体现,立足于时代的教育才是有生命力的教育。办学理念不仅要考虑育人对象——学生的成长规律,还要考虑育人主体——教师的需要。教师的专业发展程度直接影响到教育质量的高低。一般而言,教育质量高的学校,往往拥有一大批专业素养过硬的教师,而教学质量低劣的学校,则往往鲜有优秀教师。

教育具有时代性,立足当下与展望时代未来相结合,办学理念必须符合时代要求、得到教师认同方能产生功效,促进转变教师。"教育:唤醒·陪伴·引领"办学理念,以唤醒引领教师思想,陪伴呵护教师的职业情感,引领帮助教师提升专业技能,在促进教师专业自主发展的同时,也促进了办学理念的进一步落地。

(二)办学理念助力教师走出职业高原

1.依托理念化解职业高原危机

一个完整的办学理念包含三个要素:办学的价值追求、实现价值追求的执行系统以及保障价值追求得以实现的反馈系统。职业高原期是教师自我认知和生存环境变化共同发力的一种结果,其主要表现为:情感高原、技能高原、发展高原,在所有自变量和因变量中自我认知是内因,环境改善和平台搭建都是外因,所以解决职业高原危机的根本办法还是要在内因上寻找突破口。因此保障教师专业成长持续发力的主要方法是坚持问题导向、对症下药,急教师所急、解教师之所困,以使命担当唤醒责任意识,以人文关怀和专业培养陪伴教师成长,在同帮互助中激励反思,用高端资源和多种平台激发潜力、唤醒内驱力,最终在"教育:唤醒·陪伴·引领"的办学实践中帮助教师化解高原危机。

这里的"教育:唤醒·陪伴·引领"既是方法又是目的,它可以帮助教师学会面对、悦纳和释怀,少一分抱怨,多一分和谐,从尊敬、仁爱、宽容的角度去更深层次地理解人生,在育人中提升自己,在提升之中感染学生,促成生命自觉。

2."四个结合"落实理念突破瓶颈

实践是理论之源,时代是思想之母。当我们清晰了解了自身的价值立场和教师的发展之困后,就可以站在坚定的价值立场上来洞察问题的关键,根据新时代教育改革与发展的需要,有针对性地解决教师专业发展的职业高原问题。因此,我们得出了"四个结合"的策略来推进办学理念落地:一是价值引领与问题导向相结合,二是系统思考与分步推进相结合,三是共同要求与个性要求相结合,四是提升自我与示范辐射相结合。在共同发展的基础上,以理念引领机制创新,助力高原期教师走出困境,具体做法将在后文中详述。

办学理念的落地应立足校情、尊重差异、尊重个性,采用分类分批分项推进的方法,强化目标管理和反馈机制;将职业高原期教师的专业问题拆分成可量化、可视化的分项目标,转单向学习为对话、交流、展示等多维学习,变一次性学习为反复学习、终身学习;建立健全教师专业发展的相关制度和考评方案,实施校本研修课程化管理;在师德师风建设中强化使命感、责任感;以专业技能、职业规划和心理发展为主要内容开展专业技能提升培养,全程陪伴高原期教师的专业自主发展,努力做到适性扬长,尽可能地使每个教师的优势得到最大程度发挥、问题得到最大程度解决,助力高原期教师走出困境。

3.升华办学理念走向教育自觉

从识记到形成知识,转为智慧,走向开悟是一个生命自觉的过程。所谓自觉,就是内在自我发现、外在创新的自我解放意识,生命自觉是人类在自然进化中通过内外矛盾关系发展而来的基本属性,是人的基本人格,是人一切实践行为的本质规律,表现为人对于自我存在的必然维持、发展。教育是一项传承文化、传播真理、传递爱与责任的事业,新时代教师的任务是塑造灵魂、塑造生命、塑造新人。教育既关乎外界的影响促进个人的内化，又关乎把人从一个自然生命体提升为社会生命体的过程，是对人的心灵的滋养，是对人的精神世界的建设。

"教育:唤醒·陪伴·引领"是一种人文的、相互的、共建的办学理念，目标是向内求良知、向外求自主发展，发现自我价值，发掘自身潜力，有效应对复杂环境，明确人生目标，最终走向生命自觉，这也是高原期教师要达到的最高境界。

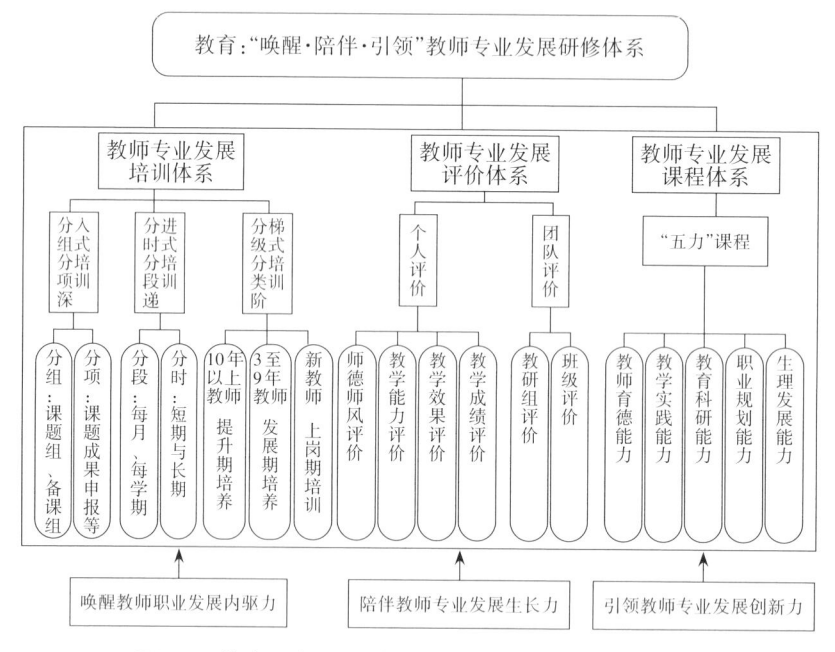

图5-1 教育:"唤醒·陪伴·引领"教师专业发展研修体系

二、以办学理念促进职业高原期教师专业自主发展的措施建议

(一)开设系列"唤醒"课程

"唤醒"课程以"有理想信念、有道德情操、有扎实学识、有仁爱之心"的"四有"好老师为目标，着力于培养教师的理想信念、道德情操、扎实学识、仁爱之心，打造一批具有良好师德修养的好教师。"唤醒"课程由思政辅导课程、心理健康课程、师生共情课程、生涯规划课程组成。具体建议如下：

1.开设思政辅导课程

课程目标:通过对习近平新时代中国特色社会主义思想、党的文件精神的学习,唤醒高原期教师的责任信念、使命担当,着力提升高原期教师的思想认识,培养师德师风、道德情操。

(1)开设理想信念主题课程

以主题培训、文化考察、影视观赏和沙龙分享等课程形式,分四个专题进行。

专题一:爱党爱国。课程内容有三:一是学习党的十九大报告精神,帮助教师准确把握党的十九大报告的精神内涵,增强教师对党情、国情的认识,激发教师的责任感与使命感;二是学习习近平新时代中国特色社会主义思想,帮助教师深入领悟习近平新时代中国特色社会主义思想的精神实质与丰富内涵,引导教师增强"四个自信";三是了解国际形势,帮助教师了解世界局势,明确中国的发展之路,激发教师的时代感与使命感。通过本专题的学习,唤醒教师的时代使命感。

专题二:爱岗敬业。课程内容有三:一是学习习近平的教育论述与观点,深刻理解习近平总书记对教育提出的"四有"好老师、"四个引路人"、"四个统一"的要求,强化教师的身份认知、职业定位意识;二是参观贵州的红色文化教育基地等,感受革命传统、弘扬革命精神,激发教师的历史责任感;三是参观贵州的中华传统文化教育基地,感受中华传统文化的魅力与精髓,激发教师的文化自信,净化心灵,提高思想境界。通过本专题的学习,唤醒教师的身份认知。

专题三:关爱学生。课程内容有二:一是教师核心素养培养,帮助教师知晓应该具备哪些核心素养和专业发展的路径,进一步明确"爱"是教育的核心;二是教育影像赏析,激发教师热爱教育、关爱学生的责任与信念。通过本专题的学习,唤醒教师的责任信念。

专题四:乐于奉献。课程内容有二:一是名师分享沙龙,邀请时代楷模、劳模等进行分享,激发教师乐于奉献的精神,提高精神境界;二是分享研讨,在听完名师分享后,组织沙龙,围绕教师情怀展开讨论。通过本专题的学习,唤醒教师情怀。

(2)开设道德情操主题课程

以主题学习、咖啡课程为课程形式,分两个专题进行。

专题一:为人师表。课程内容有二:一是学习教师的职业道德法律法规,解读师德的相关政策,帮助教师明确师德在教师职业生涯中的表现;二是个人成长案例分享,让身边的教师进行个人成长案例分享,激发教师不断向上、向前的斗志,起到示范引领作用。通过本专题的学习,唤醒教师的师德师风修养意识。

专题二:团结协作。课程内容有二:一是团建活动,提升教师对集体的认同,引导教师打团队战,增强教育合力,提升育人质量;二是教师参与学校建设,通过教代会、教师座谈会等,提高教师参与学校建设的热情,激发教师对学校的热爱、对教育工作的热爱。通过本专题的学习,唤醒教师的集体意识。

(3)开设扎实学识主题课程

以主题学习、专项技能培训为课程形式,分两个专题进行。

专题一:科学施教。课程内容有二:一是学习差异教学,帮助教师学会尊重个体,接受学生发展存在的差异性,针对不同学生用不同的方式教学,提高课堂效率;二是提升育德能力,树立"以生为本"的教育理念,了解学生认知发展规律与学科特点,提升教师学科育德意识与能力。通过本专题的学习,唤醒教师尊重教育规律意识。

专题二:与时俱进。课程内容有二:一是新时代教师信息素养培养,提高教师的信息素养,通过学科融合、信息技术与学科整合,提升教师应对新时代挑战的能力;二是教学创新实践,把握新时代背景下教育教学发展的基本趋势,以课题研究为载体,激发教师教学创新的勇气与能力。通过本专题的学习,唤醒教师融入教育新时代的意识。

(4)开设仁爱之心主题课程

以主题培训、分享沙龙为课程形式,分两个专题进行。

专题一:以人为本。课程内容有二:一是学习尊重学生认知规律,了解不同年龄段学生的认知特点及发展规律,真正做到尊重、理解学生;二是案例分析,通过交流分享,了解其他人的做法,提高自己的认知。通过本专题的学习,唤醒教师尊重学生认知规律的意识。

专题二:公平公正。课程内容有二:一是了解学生基本权利和义务,如学生的受教育、安全、人格尊严、隐私、休息与课余时间、参与等各项基本权利;二是案例分享,将教师在公平公正方面的做法以案例方式进行分享。通过本专题的学习,唤醒教师的法律法规意识。

2.开设心理健康课程

课程目标:通过心理专业理念知识的培训、实际操作技能的展示、案例分享等,着力提升高原期教师的心理调适能力、危机应对能力以及心理辅导能力,唤醒高原期教师的情感认同。

(1)开设专业理论知识培训课程

专题一:胜任感唤醒。课程内容有三:一是找到教师职业倦怠产生的原因并研究对策,帮助教师认识到教师职业倦怠是常见问题,通过调整心态完全可以解决;二是帮助教师了解心理健康与维护知识,帮助教师了解其心理健康的维度、维护的方法;三是帮助教师了解常见的心理疾病,帮助教师了解其常见的心理疾病,做好预防与调整。

专题二:安全感唤醒。课程内容有二:一是心理压力测试与应对,组织教师参加心理压力测试,并帮助其积极应对压力;二是人际关系协调,通过人际交往案例分析,帮助教师了解协调人际关系的方法与途径。

专题三:方向感唤醒。课程内容为分享研讨,组织分享沙龙,展开讨论,帮助教师在交流碰撞中,明确自己的方向。

(2)开设实际操作技能课程

专题:如何走出困境。课程内容有二:一是心理咨询技能实操,学习心理咨询技能,提高教师心理认知能力;二是心理健康调适实操,通过案例,让教师了解心理健康调适的主要方法。

3.开设师生共情课程

课程目标:提高高原期教师与学生的交流沟通能力、优化学生管理方式、做好学生个性化指导等,唤醒高原期教师的学生认同。

(1)开设营造和谐师生关系课程

专题一:尊重关爱生命。课程内容有三:一是生命教育,让教师了解生命教育的内涵与意义,在学科教育中、与学生相处中渗透生命教育;二是相互尊重,让教师了解尊重以及相互尊重的内涵与意义,引导师生、师师、生生间相互尊重;三是尊重与关爱的叙事交流,通过讲述有关尊重与关爱的故事,让教师体悟尊重与关爱的真谛。

专题二:爱的艺术。课程内容有二:一是认识教育中爱的本质,帮助教师了解在教育中如何体现"爱"的艺术,引导教师学会如何爱学生;二是学生行为矫正,帮助教师了解高中生行为问题的成因、表现及危害,研究学生行为矫正的策略与途径。

(2)开设学生管理能力提升课程

专题一:导师制。以共建共享方式,推行导师制。通过开发以"导师制"为主要内容的指导课程,优化师生的交流沟通方式、丰富师生沟通交流的内容,增进师生交流,提高教师的学生管理能力。

专题二:因材施教。课程内容有二:一是学习高中生心理辅导技巧,让教师熟悉高中生的心理特点,了解高中生常见心理问题的主要表现及原因,提高指导学生自我管理、自我调整的能力;二是指导高中生个性化发展,让教师了解高中生的个性化发展需求,鼓励、引导、支持、帮助高中生个性化发展。

4.开设生涯规划课程

课程目标:通过定期开展心理知识培训、实际操作技能体验、案例分享等,改变高原期教师无斗志、无发展规划与目标的现状,提升其规划意识与能力,唤醒高原期教师的自我认同。

(1)开设教师职业价值认识课程

课程内容有四:一是教育本质,深入探究教育的本质,引导教师领悟教育的真正内涵;二是为师之道,让教师体验以德立身、以德立学、以德施教的为师之道;三是教师职责,通过体会教师角色所蕴含的传道、授业、解惑的精神内涵,引导教师重新认识自己的使命与担当;四是成长案例分享,通过校内外个人成长案例分享,教师让明确自身责任与担当。

(2)开设魅力教师修炼课程

课程内容有二:一是教师核心素养,明确教师应具备的核心素养;二是教师专业成长,以学科为单位,进行教师专业成长培训。

(3)开设职业生涯规划指导课程

课程内容有三:一是指导教师做好规划与发展,根据教师发展阶段,引导教师明确目标、做好规划、持续发展;二是优秀教师成长叙事,充分发挥榜样的引领示范作用,以优秀教师成长故事感染高原期教师,使其做好生涯规划;三是自我展示,通过搭建校内校外的展示平台,让教师在展示中重树自信。

(二)优化教研活动

1.优化校本教研方式

(1)学校开展"向外学习+内培骨干"的内外结合式培训。"向外学习"即外请专家到校培训,或派出教师到发达地区名校实地考察学习;"内培骨干"即将学习中感受深刻、反思能力强的这部分教师培养为二级培训的承担者,给他们搭建平台,在校内、校外承担培训任务。

（2）推行"学习任务清单"销号制。通过任务清单设计发放—学生自我复习—过关检测这三个环节，帮助教师从学生问题、目标设置、目标达成等三个方面改变教学方式。

2.构建有效课堂模式

通过两条途径来引领教师改进课堂教学：一是研究课堂，成立课堂管理中心，用"听课—评课—查找问题—梳理方法—再听课"的方式，邀请专家与教研组一起研究教学，加大课堂研训的实践研究力度。同时，学校还开展了基于课堂观察的常态课研训，基于主题性研究的课堂视导课研训，基于青年教师团队技能大赛的教学技能课微格研训，基于精品课、展示课的精彩课堂研训。二是建模出模，在前期课堂建设的基础上提炼出"1+5+1"的教学模式。"1+5+1"课堂教学模式的第一个"1"是目标导向教学设计，"5"是上课的"预习反馈—问题探究—精讲点拨—达成检测—总结反思"五个环节，第二个"1"即作业巩固。"1+5+1"的教学模式为教师提供了管理课堂的抓手，为学生提供了自主学习的载体。

3.推行"双导师制"

"双导师制"是指两个导师帮带一名青年教师。操作规程有三：第一，确定两个导师人选。第一导师是由学校选聘的校内外的学科带头人，思想表现、工作表现、心理素质、沟通协调能力都很突出，示范引领效果强的教师。第二导师是指经考核有带教资格（职称），但是在教学成绩、管理水平、沟通协调能力等方面较第一导师低，还需要在岗位上进一步磨炼的教师。第二，明确两个导师的责任与工作内容。第一导师要双带，既要带第二导师，又要带年轻教师。以听课为例，第一导师要与年轻教师一起听第二导师的课，第二导师既要与第一导师一起带年轻教师，同时，自己还要向第一导师学习，要与年轻教师一起听第一导师的课。第三，开设"青蓝工程"系列课程，实现"青蓝工程两牵手 师徒结对共成长"的主旨目标，通过师德高尚、专业知识扎实、业务能力强、经验丰富的骨干教师带新教师"一对一"的结对子活动，构建双导师及青年教师共赢共成长的良好氛围。

4.构建研修共同体

一是建立跨区域研修共同体，以课题研究、名师工作室、学科基地等为平台建立研修共同体；二是建立跨学科研修共同体，如教育管理、教学方式变革、课程开发、行政管理方面的课题研究，打破单一的学科结构，将各学科、各部门的人组成一个团队进行研修。

以上四种教研活动的优化方式仅为参考，还有更多的优化方式可以开发使用。但不管哪一种方式，都要务实、有效，只有这样才能起到促进高原期教师自主发展的作用。

(三)搭建发展平台

1.搭建资源平台

一是引入高端培训资源。针对高原期教师引进的培训资源，要高于教师现有水平，高端培训可以在教育理念和教育方法上打破教师的现有状态，与高水平的教师结伴而行，让教师接触到新的、系统的、更加有效的教育理念和教育方法，因此广开校门吸纳优质资源，对找到新的发展方向十分有效。二是引入高质教学资源。高质教学资源往往在整合、发散、创新等方面，远远超过经验型教师的教学积累。高原期教师在享受高质教学资源带来的便利的同时，还会受到触动从而产生积极行为，在将新理念落地于教学工作实践问题上受到切实的启发。高原期教师一旦由此及彼、举一反三，开始自身高质教学资源的开发，其将步入再次发展的新轨道。三是引入高层社交资源。打破原有社交环境的消极平衡，在比较中产生落差，在羡慕中催生追求，在正道同行中共勉，从而唤醒高原期教师成为名师的原动力。

2.搭建学习提升平台

学校应坚持或走出去，或请进来原则，为高原期教师搭建学习提升的平台。通过培训学习，高原期教师可以获得新理论，整理自身凌乱的知识，总结提升为经验,使自己的实践研究有理论的支撑,甚至完成由经验向创造新理念的飞跃。

3.搭建科研实践平台

学校应为高原期教师搭建科研实践平台,引导教师由问题思考转向课题研究,在此过程中,讲究过程性和阶梯性,即教师可以从校本小课题做起,成熟后,再到省市级课题;可以先参与课题研究,再到主持课题研究。在课题研究的任务驱动中,高原期教师将被引领走向研究型教师,而教师一旦成为研究型教师,将建立起自我更新发展的模式:目标—问题—策略—运用—反思—提升—新目标。

4.搭建交流展示平台

学校为有一定研究成果的教师搭建一定规格的交流展示平台,包括校际交流活动、市级以上教研活动、培训讲座、公开课示范课展示、媒体采访等等,让教师承担主讲任务。在讲座任务中,教师将就某一问题或现象进行系统梳理,将自己零散的经验系统化、零散的知识模块化、感性的经验理论化,从而获得专业上的巨大提升;公开亮相,将极大地增强其自信,使其蓄积专业发展的长效动力。

三、以办学理念促进高原期教师专业自主发展的五大策略

1.价值引领的自我诊断策略

（1）在评价机制中自我诊断

一是用"算优秀+评优秀"相结合的评价方式促进教师自我诊断。推行"算优秀",即将优秀教师的评价量化,每一项都由相关部门根据教师的表现打分,最后分数即评优的依据。同时,教研组内互评,互评分占一定比例,两者相结合的方式体现了公平,也强化了团队意识。二是用"教师评+学生评"相结合的评价方式促进教师自我诊断。除教研组互评外,每学期结束时,教

务处会组织学生评教(评价任课教师的教学情况,评价班主任工作),学生评价的分数直接与教师评价的分数相加,合成教师的评价总值。三是用"积极评+选择评"相结合的评价结论促进教师自我诊断。评价的目的是让教师知道自己的短板并主动改变,而不是一棍子将人打死,所以在评价时主张以积极评价为主,选择1—2点需要教师近期改正的或者最主要的缺点,让教师知道自己努力的方向。

(2)运用自检系统自我诊断

自检系统包含教师专业成长规划指南、教师专业梯度发展考核量表、晋级晋岗对标检测量表、教育教学质量考评、评优评先评价机制等制度和方案,每个方案都配有相应的评价指标,明确责权利。通过制度化管理、公平公开的原则,营造良好的教师专业自主发展生态环境。

学校通过价值引领与育人使命来唤醒教师的职业情感和发展潜力,以专业的梯度发展目标来激发教师的奋斗意识和职业理想,在行动中帮助教师躲避或走出职业高原期。

2.目标导向的自我激励策略

运用最近发展区理论,建立教师发展目标阶梯,让教师有明确的发展方向,以激活教师发展内驱力,使教师专业自主发展步入良性轨道,走出职业高原期。

入职1—3年的新教师,发展目标为合格教师,站稳讲台,成为初级教师;入职3—5年的青年教师,发展目标为市级教坛新秀,评上中级职称;入职5—10年的教师,发展目标为评上市级骨干、副高级职称;入职10—15年的教师,发展目标为评上省级骨干、市级名师等;入职15年以上的教师,发展目标为评上省级名师、特级教师,评上正高级职称(如图5-2所示)。

每一个阶段的目标,均在教学业绩、课题研究、校本课程开发、社团活动辅导、论文发表和成果获奖等教师专业方面有具体要求。教师可以根据自身所处段位拟定目标,自我激励,自我实现。

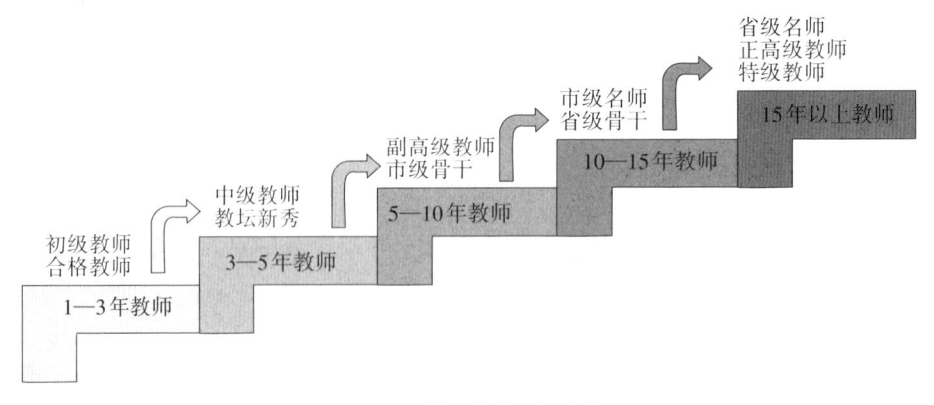

```
省级名师
正高级教师
特级教师
         15年以上教师
市级名师
省级骨干
      10—15年教师
副高级教师
市级骨干
   5—10年教师
中级教师
教坛新秀
3—5年教师
初级教师
合格教师
1—3年教师
```

图5-2　教师发展目标阶梯

3.研训一体的自我发展策略

一是"陪伴·新发展之新规范"——分类项目式培训。实施以"训"为主的规范培训,主要聚焦新课改理念下教师的新规范,采用集中面授培训研修模式。邀请专家、名师以及处于上升阶段的教师面授,将所有参加培训的教师,集中到培训地点,听取讲座或报告。对这一类教师的规范培训分为新教学理念类、新教学手段类、新管理方式类。二是"陪伴·新发展之新研究"——分项深入式培养。以课题为依托,实行项目式培养。教学处先梳理,然后通过"在研项目,课题推进""无在研项目,选题推进"两种方式跟进。三是"陪伴·新发展之新风格"——分级深入式培育。以校本研修共同体为载体,通过参与研修实践活动、与同行教师平等交流、教学反思等方式,为教师打造个人风格,形成特色;通过校外上公开课、示范课,承担培训任务,主持课题研究等方式,培育教学能手、教学名师;鼓励教师著书立说,物化成果。

4.制度保障的自我实现策略

（1）建立专业发展组织管理制度

教师专业发展需要建立专门的组织机构、明确工作职责,科学制订教师队伍建设规划,将师德师风建设和教师队伍专业发展结合起来。建议成立高原期教师专业发展专项工作组,由校长任组长,副校长具体负责,教学处、教务处和教育处各指派一名副主任分项负责,教研组长和年级组长均为工作组成员。工作组明确职责,校长统筹,联络校外资源;副校长负责拟定规划,落实规划执行情况;教学处负责给高原期教师建档,明确教师的现状以及专业发展障碍点,组织培训,督促其完成相应任务,搭建发展平台;教务处负责建立高原期教师教学台账,通过学生评教和教学常规考核数据了解教师的教学情况,通过教师聘用制度督促教师专业发展;教育处负责从班级管理方面强化教师的素养提升;教研组长和年级组长负责一线资料的收集与反馈,同时作为教学和管理的专业引领者。

(2)建立专业发展培训制度

学校根据工作组台账,找到高原期教师的专业发展瓶颈,有的放矢地安排对口培训,且方式多样、内容丰富。内容上,既有思想引领、技能培训,也有情感熏陶;形式上,既有讲座报告、学习交流,也有实地考察、跟岗锻炼。系统性培训为高原期教师打下厚实的基础,促使其蓄积能量,形成爆发力。

(3)建立专业发展考评制度

对促进职业高原期教师专业发展考评制度的拟定,建议有三。一是激励性为主。针对职业高原期教师的考评与一般考评有所不同,它重点不在于对教师的定论、定型、定性,而是重在通过考评激励教师主动发展专业。这种目的性决定了专业发展考评机制必须以全面、动态的视角强调价值引领、目标导向、问题导向和激励导向。二是公平性为基。公平性的基础地位不能动摇,没有公平性考评最终会引发与专业发展无关的负面影响,以致于消解了促进专业发展的初衷。三是动态性为本。职业高原期教师无论何时愿意主动发展都不晚,都应该作为激励对象。教师在专业发展过程中,会进入不同水平阶段,考评制度都要能产生激励作用。另外,还需考虑制度的全面性,健全教师考评制度,以形成教师梯队发展的样态。

(4)建立专业发展经费保障制度

高原期教师专业发展需要进行课题研究、校本课程开发、教学资源整合、研究成果的物化和推广运用,而这些都离不开一定的经济支持。因而,学校需要做出相应的财务预算,有条件的学校可以充分利用名师名校长工作室经费、校本研修示范校专项经费以及学校教研专项经费,为教师的课题研究、专著出版、竞赛等专业发展活动提供强有力的经费保障。

(5)建立人文关怀制度

生活压力、情感危机是教师,尤其是骨干教师专业成长水平与发展速度的重要影响因素。不少教师停滞于高原期止步不前的原因之一便是家庭生活的压力和个人的情感危机,所以学校应给予教师适度的人文关怀,关注教师的情感需求、生活需求,充分发挥一级教育机构的力量,切实为教师解决一些实际困难。有条件的学校还可以充分利用区域优势,与周边优质资源建立合作互助关系,帮助教师解决孩子"入园难""上学难"的问题,建立扶贫济困专项资金帮助困难教师渡过难关,还应建立一系列关怀、慰问、结对帮扶等制度,为教师专业发展解除后顾之忧。

5.不断完善的自我反思策略

反思是教师专业发展的必由之路,它可以帮助高原期教师解剖、批判与重构自己的教育实践,将新的态度、情感、观念或教学实践策略,内化为自身职业素养,从而再次发展,走出高原期,步入更高发展平台。

高原期教师的有效反思:一要有问题意识。教师在问题的深入思考中,有针对性地解决自身的具体问题,从而获得提升。二要有操作性。学校教学处要具体负责通过专题讲座、任务驱动等形式,教会高原期教师掌握反思的基本内容,如教育案例、教育故事、教育心得等反思形式,纵向反思、横向反思、个体反思和集体反思等反思类型,比较法、总结法、对话法、录像法、档案袋法等反思方法。贵阳市第二中学在指导教师参加优质课比赛时,充分运用了反思手段:磨课期间,采用录像法,让教师观看自己的教学过程;然后用比较法,即提供名师教学案例让教师与自己的教学过程进行比较;执教之后,要求教师撰写课堂实录和教学反思。如此,一次比赛,教师即可收获三项成果,有效地促进了教师的专业发展。三要有理论支撑。没有理论支撑的反思只能停留在外在层面,教师所收获的大多只是经验,引入理论,教师方可从教育哲学层面界定自己教育实践的性质和意义,从而把握其内在本质,产生触类旁通的效果。

结语：研究的反思与展望

本课题历时四年，在研究过程中得到了教育部中学校长培训中心、贵州省师范大学、贵州省教育厅名管办以及段丽英名校长工作室成员和学员的大力支持、积极参与，尤其是得到了教育部中学校长培训中心的专家，华东师范大学、贵州师范大学多位知名教授的大力指导，学校及课题组成员受益匪浅，学校教师的精神面貌得到极大改观，专业发展得到提升，获奖情况呈现井喷效应。但由于时间有限、能力有限、站位不够高，我们的研究还存在一些不足与遗憾。

未来，我们将在本课题研究的基础上深入实施各项策略、丰富教师专业发展的三类课程和评级体系，按照教育方针的指引，继续开展相关研究，深入探讨其他阶段教师的专业发展特点、需求及研训课程，抓住教师专业发展的关键，推进学校教育高质量发展，努力发挥省级教师专业发展示范校、新课程新高考改革国家级示范校的责任担当。

参考文献

[1] 康·德·乌申斯基.人是教育的对象——教育人类学初探(下卷)[M].张佩珍,张敏鳌,郑文樾,译.北京:人民教育出版社,1989.

[2] 叶澜,等.教师角色与教师发展新探[M].北京:教育科学出版社,2001.

[3] 陈永明.现代教师论[M].上海:上海教育出版社,1999.

[4] 教育部师范教育司.教师专业化的理论与实践(修订版)[M].人民教育出版社,2003.

[5] 陈琦,刘儒德.当代教育心理学(第2版)[M].北京:北京师范大学出版社,2007.

[6] 金美福.教师自主发展论:教学研同期互动的教职生涯研究[M].北京:教育科学出版社,2005.

[7] 徐世贵.教师自主成长——基于名师成长案例的分析[M].北京:外语教学与研究出版社,2008.

[8] 谢翌,张释元.教师文化论[M].北京:中国社会科学出版社,2012.

[9] 刘捷.专业化:挑战21世纪的教师[M].北京:教育科学出版社,2002.

[10] Guskey Thomas R. Evaluating professional development[M]. California:Corwin press,2000.

[11] 崔允漷.学校本位教师专业发展:框架及其意义[J].教育发展研究,2011,33(18):67-72.

[12] 申继亮,姚计海.心理学视野中的教师专业化发展[J].北京师范大学学报(社会科学版),2004(1):33-39.

[13] 姚安娣.促进教师专业自主发展的策略研究[J].中小学教师培训,2007(12):11-13.

[14] 张继安.教师能力发展中的高原现象[J].中小学管理,1992(5):16-17.

[15] 连榕,张明珠.教师成长中的"职业高原"现象之有效应对[J].教育评论,2005(3):25-27.

[16] 林浩亮."高原期"教师专业发展——以教师专业发展学校为平台[J].继续教育研究,2014(1):87-90.

[17] 滑红霞.教师职业"高原现象"及其突破策略[J].教育理论与实践,2016,36(10):48-50.

[18] 张一楠.教师职业"高原现象"的表现、成因和应对策略[J].中国成人教育,2017(11):119-123.

[19] 靳岳滨,陈敏丽.中小幼教师工作压力调查研究[J].教育研究与实验,2005(4):66-70.

[20] 徐富明.中小学教师的工作压力现状及其与职业倦怠的关系[J].中国临床心理学杂志,2003,11(3):195-197.

[21] 宋智灵.教师职业高原现象探析[J].泰山学院学报,2007(1):109-111.

[22] 郑友训."高原期":教师专业成长必须逾越的平台[J].当代教育科学,2005(11):32-35.

[23] 叶燕珠,蔡丽红,吴新建,张贤金.中小学教师专业发展"高原现象"的成因及对策研究[J].教育评论,2015(3):86-88.

[24] 寇冬泉,张大均,黄技.教师职业生涯高原现象的自我应对[J].教育导刊,2008(9):43-45.

[25]戴兰芳.中小学教师职业高原期的成因及对策[J].湖南第一师范学院学报,2012,12(5):15-17+24.

[26]苏虹.新教师专业成长中的"高原现象"分析与对策[J].现代教育论丛,2003(4):48-53.

[27]钱兵,郑友训.教师专业成长中"高原现象"的成因及对策[J].继续教育,2004(1):20-22.

[28]陈斌岚,李跃军.地方高校青年教师职业高原现象及应对措施[J].黑龙江高教研究,2016(1):56-58.

[29]亢莉.高校英语教师职业高原现象探析[J].教育探索,2010(10):127-128.

[30]李子建,蒲永明,梁霞.教师"职业高原期"的成因与迈向卓越教师的策略[J].当代教育与文化,2021,13(1):1-10.

[31]崔玉平,吴颖.外部支持对中小学成熟型教师职业高原反应的消减作用——以事业追求为中介的实证研究[J].现代教育管理,2020(1):92-100.

[32]吴卫东,骆伯巍.教师的反思能力结构及其培养研究[J].教育评论,2001(1):33-35.

[33]刘洁.试析影响教师专业发展的基本因素[J].东北师大学报,2004(6):15-22.

[34]杨馥卿,葛永庆,王京华.自主意识、自主行动、自我管理——教师自主发展的必由之路[J].教育探索,2008(10):97-98.

[35]庞丽娟,洪秀敏.教师自我效能感:教师自主发展的重要内在动力机制[J].教师教育研究,2005(7):43-46.

[36]吴捷.教师专业成长过程及其影响因素研究[J].教育探索,2004(10):117-119.

[37]王晓莉.教师专业发展的内涵与历史发展[J].教育发展研究,2011,33(18):38-47.

[38]楼世洲,张丽珍.教师专业自主:困境与出路[J].教师教育研究,2007,19(6):6-9.

[39]蒋冬英.高校教师专业自主发展的内涵、模式与推进策略[J].现代教育管理,2016(10):81-85.

[40]阮为文.论农村中学教师自主专业发展[J].胜利油田师范专科学校学报,2005,19(3):25-27+88.

[41]吕安琳.建立健全教师教育机制,促进教师专业化发展[J].教育理论与实践,2006,26(8):32-34.

[42] Ference T P, Stoner J A, Warren E K. Managing the career plateau[J]. Academy of Management Review, 1977,2(4):602-612.

[43] Veiga J F. Plateaued versus nonplateaued managers: career patterns, attitudes, and path potential[J]. Academy of Management Journal,1981,24(3):566-578.

[44] Feldman D C, Weitz B A. Career plateaus reconsidered[J]. Journal of Management,1988,14(1):69-80.

[45] Georgia T.Chao.Exploration of the conceptualization and measurement of career plateau: a comparative analysis[J]. Journal of Management, 1990, 16(1):181-193.

[46] Ference T P, Stoner J A, Warren E K. Managing the career plateau[J]. Academy of Management Review,1977,2(4):602-612.

[47] Rantze K R, Feller R W. Counseling career-plateaued workers during times of social change[J]. Journal of Employment Counseling,1985,22:23-28.

[48] Rotondo D. Individual-difference variables and career-related coping[J]. Journal of Social Psychology,1999,139(4):458-471.

[49] Ivancevith J M, Defrank R S. Job loss: An individual level review and model[J]. Journal of Vocational Behavior,1990,28:1-20.

[50] Duffy J A. The application of Chaos theory to the career-plateaued worker[J]. Journal of Employment Counseling,2000,37:229-236.

[51] Ference T P,Stoner J A,Warren E K. Managing the career plateau[J]. Academy of Management Review,1977,2(4):602-612.

[52] Feldman,D.C,& Weitz,B.A. Career plateaus in the sales force: Understanding and removing blockages to employee growth[J]. Journal of personal selling & sales management,1988,8(3):23-32.

[53] Tremblay, M., & Roger, A. Individual, familial and organizational determinants career plateau: an empirical study of the determinants of objective career plateau in a population of Canadian manager[J]. Group & Organization management,1993,18(4):411-425.

[54] 秦艺萍.银行员工职业高原与工作绩效关系研究[D].成都:西南财经大学,2011.

[55] 寇冬泉.教师职业生涯高原:结构、特点及其与工作效果的关系[D].重庆:西南大学,2007.

[56] 刘亚军.教师专业发展的高原现象及其超越的叙事研究[D].成都:四川师范大学,2018.

[57] 高光.教师专业发展:外部驱动与自主发展之间的关系[D].上海:上海师范大学,2015.

[58] 董银银.中小学教师专业发展的自主性研究——以中部某省部分中小学教师为研究样本[D].开封:河南大学,2009.

[59] 张利华.校长如何支持教师专业发展——基于南京市S初中的实地研究[D].南京:南京师范大学,2017.

[60] 胡中晓.中小学女性教师职业高原现状研究——以X省Y市为例[D].成都:四川师范大学,2016.

[61] 黄海生.中职教师自主专业发展现状调查研究[D].广州:广州大学,2016.

[62] 甘在燕.成长的足迹——一位农村幼儿教师自主专业发展叙事研究[D].重庆:西南大学,2012.

[63] 卢维兰.中小学教师专业自主发展意识研究[D].上海:华东师范大学,2009.

[64] 韦筱毓.基于行政管理视角下的教师专业发展制度研究[D].南宁:广西民族大学,2011.

[65] 钟启泉. 新课程改革开启中国课程发展新纪元——中国课程与教学论的学科确立与研究进展[N].中国社会科学报,2009-09-22(B11).

附录

附录1　普通高中教师职业现状调查问卷

尊敬的老师：您好！

　　非常感谢您在百忙之中参与我们的问卷调查。本问卷旨在调查教师专业发展现状，问卷采用匿名形式，所得资料仅用于学术研究，并予以保密处理，请您放心填写。填写问卷时，请选择符合您实际情况的选项并在对应的选项前划"√"。请各位老师认真填写，不要遗漏。

第一部分：个人基本情况

1.性别：[单选题]

○男　　　　　　　　　○女

2.年龄：[单选题]

○25岁以下　　○25—35岁　　○35—45岁　　○45岁以上

3.学历：[单选题]

○研究生(硕、博)　　○本科　　○大专　　○其他

4.教龄：[单选题]

○5年以下　○5—10年　○11—15年　○16—20年　○21年及以上

5.所在学校类型：[单选题]

○一类示范高中　　　　○二类示范高中　　　　○三类示范高中

○普通高中

6. 职称：［单选题］

　　○正高级　　　　　　　　○高级

　　○中级　　　　　　　　　○初级

　　○未定级

7. 任教学科：［多选题］

　　○语、数、外　　　　　　○物、化、生

　　○政、史、地　　　　　　○音、体、美

　　○信息技术、通用技术、综合实践　　○心理健康及其他

8. 荣誉称号：［多选题］

　　○特级　　　　　　　　　○省级名校长/名师

　　○省级骨干　　　　　　　○市级名校长/名师/名班主任

　　○市级骨干　　　　　　　○市级学科带头人

　　○市级创新型人才　　　　○市级教坛新秀

　　○其他

第二部分：测评

下面列出的是您在学校工作中可能出现的感受，各题项分为5等级。请仔细阅读每个题目，选择最符合您实际情况的选项，并在选项前划"√"。

1. 我对工作逐渐失去了激情。［单选题］

　　○完全不同意　○基本不同意　○不确定　○基本同意　○完全同意

2. 工作中我不想承担责任。［单选题］

　　○完全不同意　○基本不同意　○不确定　○基本同意　○完全同意

3. 目前我只是习惯性地工作。［单选题］

　　○完全不同意　○基本不同意　○不确定　○基本同意　○完全同意

4. 我看到学生就会烦躁。［单选题］

　　○完全不同意　○基本不同意　○不确定　○基本同意　○完全同意

5. 我逐渐对教育教学失去了兴趣。［单选题］

　　○完全不同意　○基本不同意　○不确定　○基本同意　○完全同意

6.我面对工作很难全身心投入。开始对工作产生了厌倦情绪。[单选题]
　　○完全不同意　○基本不同意　○不确定　○基本同意　○完全同意

7.我愿意自觉更新教育理念。[单选题]
　　○完全不同意　○基本不同意　○不确定　○基本同意　○完全同意

8.我相信通过自身努力能够将工作做好。[单选题]
　　○完全不同意　○基本不同意　○不确定　○基本同意　○完全同意

9.我觉得在教学技能上已到瓶颈。[单选题]
　　○完全不同意　○基本不同意　○不确定　○基本同意　○完全同意

10.我觉得我的教学水平已到达了顶峰。[单选题]
　　○完全不同意　○基本不同意　○不确定　○基本同意　○完全同意

11.我觉得我的教学水平已很难跟上时代。[单选题]
　　○完全不同意　○基本不同意　○不确定　○基本同意　○完全同意

12.我觉得我的专业技能较难适应新高考。工作时我很难达到忘我的境界。[单选题]
　　○完全不同意　○基本不同意　○不确定　○基本同意　○完全同意

13.我会积极探索教学新方法。[单选题]
　　○完全不同意　○基本不同意　○不确定　○基本同意　○完全同意

14.我常通过自主学习来提高自己的专业素质。[单选题]
　　○完全不同意　○基本不同意　○不确定　○基本同意　○完全同意

15.我意识到过去的教育教学工作中还有很多值得改进的地方。[单选题]
　　○完全不同意　○基本不同意　○不确定　○基本同意　○完全同意

16.我愿意积极参加各种教育教学培训。[单选题]
　　○完全不同意　○基本不同意　○不确定　○基本同意　○完全同意

17.我经常主动参与所任教学科的教研或课题研究。[单选题]
　　○完全不同意　○基本不同意　○不确定　○基本同意　○完全同意

18.我觉得在学校进一步晋升的空间非常有限。[单选题]
　　○完全不同意　○基本不同意　○不确定　○基本同意　○完全同意

19. 我感觉在职称上晋级晋岗的可能性很小。[单选题]
○完全不同意　○基本不同意　○不确定　○基本同意　○完全同意

20. 我感到自己目前的专业发展处于停滞状态。[单选题]
○完全不同意　○基本不同意　○不确定　○基本同意　○完全同意

21. 我认为教师的专业自主发展很有必要。[单选题]
○完全不同意　○基本不同意　○不确定　○基本同意　○完全同意

22. 我已经制定了相应的专业发展规划。[单选题]
○完全不同意　○基本不同意　○不确定　○基本同意　○完全同意

23. 我非常明确自己想要成为哪种类型的教师。[单选题]
○完全不同意　○基本不同意　○不确定　○基本同意　○完全同意

24. 每学期开学初,我都会从教学成绩方面主动制定计划。[单选题]
○完全不同意　○基本不同意　○不确定　○基本同意　○完全同意

25. 每学期开学初,我都会从个人发展方面主动制订计划。[单选题]
○完全不同意　○基本不同意　○不确定　○基本同意　○完全同意

感谢您的支持与合作,祝各位老师生活愉快!

附录2 普通高中教师专业自主发展分类访谈提纲

亲爱的老师：

您好！谢谢您支持我们的访谈工作。

本次访谈我们将采用已经设置好的访谈提纲进行访谈，以便我们在有限的时间内针对焦点问题进行信息收集并开展研究。如果访谈时打断了您的陈述，敬请原谅。您所谈的每一句话我们都将严格保密，谈话内容在被分析时将不含您的个人信息，并不出现所有您所涉及事件的人名，谈话内容仅供研究人员分析所用。在每次提问后，都会给您几分钟的思考时间，以便您整理自己的思路。因为访谈的量很大，我们将对访谈的内容进行录音，用于资料整理和分析，也希望得到您的支持。谢谢！

被访人员的基本情况

被访人性别：　　年龄：　　学历：　　职务：　　教龄：

1. 工作多年以后，您是否对现在的工作已失去激情？在压力叠加的时候，您会怎么办？

2. 您认为工作中最大的压力是什么？是什么原因导致的？您是如何消除这些压力的？特别是在工作与家庭出现矛盾时，您是怎样处理的？

3. 您认为您在教学中是否遇到了方法和技能的瓶颈？如果到了瓶颈期，您会怎么解决？面对即将到来的新考改，您觉得是困难还是机遇？

4. 您感到在学校有发展的机会吗？您希望学校给您提供什么样的平台和机会？

5. 就目前的工作，您的职业规划是什么？最大的愿望是什么？有什么具体的设想和规划？如果没有，原因是什么？

6. 您认为做中学教师能实现您的人生价值吗？为什么？请谈谈您的看法。

7. 您从事中学教师这份职业的目的是什么？请具体谈一谈。

8. 您认为作为中学教师的使命与担当是什么？请谈谈您的看法。

9. 作为教师的我们能够促进学生的全面发展吗？请谈谈您的看法。

10. 从事中学教师这一职业，您感到幸福吗？请谈谈您的感受。

非常感谢您能抽出宝贵的时间接受我们的访谈，谢谢！

附录3 普通高中教师职业高原期专业自主发展状况测评量表

测试类别	测评内容	完全不符合	比较不符合	不确定	比较符合	完全符合
情感高原	我对工作逐渐失去了激情	1	2	3	4	5
	工作中我不想承担责任	1	2	3	4	5
	目前我只是习惯性地工作	1	2	3	4	5
	我看到学生就会烦躁	1	2	3	4	5
	我逐渐对教育教学失去了兴趣	1	2	3	4	5
	我面对工作很难全身心投入	1	2	3	4	5
技能高原	我觉得在教学技能上已到瓶颈	1	2	3	4	5
	我觉得我的教学水平已到达了顶峰	1	2	3	4	5
	我觉得我的教学水平已经很难跟上时代	1	2	3	4	5
	我感觉我的专业技能较难适应新高考	1	2	3	4	5
发展高原	我觉得在学校进一步晋升的空间非常有限	1	2	3	4	5
	我感觉在职称上晋级晋岗的可能性很小	1	2	3	4	5
	我感到自己目前的专业发展处于停滞状态	1	2	3	4	5
	我认为教师的专业自主发展很有必要	1	2	3	4	5

附录4 普通高中教师专业自主发展测评量表

测试类别	测评内容	完全不符合	比较不符合	不确定	比较符合	完全符合
教师专业自主发展	我愿意自觉更新教学理念	1	2	3	4	5
	我相信通过自身努力能够将教育工作做好	1	2	3	4	5
	我愿意积极参加各种教育教学培训	1	2	3	4	5
	我会积极探索教学新方法	1	2	3	4	5
	我经常主动参与所任教学科的教研或课题研究	1	2	3	4	5
	我意识到过去的教育教学工作中还有很多值得改进的地方	1	2	3	4	5
	我常通过自主学习来提高自己的专业素质	1	2	3	4	5
	我已经制定了相应的专业发展规划	1	2	3	4	5
	我非常明确自己想要成为哪种类型的教师	1	2	3	4	5
	每学期开学初,我都会从教学成绩方面主动制定计划	1	2	3	4	5
	每学期开学初,我都会从个人发展方面主动制定计划	1	2	3	4	5

附录5　普通高中教师专业发展水平对标对表自我检测表

社会的不断发展对教师专业发展提出了更高的要求，教师专业自主发展很有必要。为了让教师们能更清晰地了解自己在专业发展过程中的需求和所处现状，特制订贵阳市高中教师专业发展水平对标对表自我检测表，为教师们更好地规划自己的职业发展生涯提供依据，明确努力的方向，实现专业自主发展。

一、思想政治

1.是否能贯彻党和国家的教育方针，遵守教育法律法规？
是□　　　　否□

2.是否能用教育理念和教育信念，以德育人，促进学生身心健康发展？
是□　　　　否□

3.是否具有良好的职业道德和敬业精神？
是□　　　　否□

二、基本技能

1.是否能认真履职，完成本职工作，尊重教育规律和学生成长规律？
是□　　　　否□

2.是否具备相应的教师资格证？
是□　　　　否□

3.是否具有相应的专业技术职称资格证书、聘任证书、普通话等级证书？
是□　　　　否□

4.是否能坚持本学科教学，完成继续教育的相关规定？
是□　　　　否□

5.任职期间是否满工作量？

　　是□　　　　否□

6.是否有累计1年以上的支教经历？

　　是□　　　　否□

7.支教是否连续1年以上且累计2年以上？

　　是□　　　　否□

8.任职期间年度考核是否均达到合格？

　　是□　　　　否□

9.三年一度聘期任职资格审核是否合格？

　　是□　　　　否□

10.年度考核是否连续三年被评为"优秀"等次？

　　是□　　　　否□

11.是否已获得副高任职资格，却因缺岗未被聘任到副高专业技术岗位？

　　是□　　　　否□

三、价值认同

1.是否在七级岗位上任职15年以上，且被同行公认？

　　是□　　　　否□

2.是否在九级岗位上工作12年以上，且被同行公认？

　　是□　　　　否□

3.是否在十级岗位上工作8年以上，且被同行公认？

　　是□　　　　否□

4.是否在专业技术十二级或十级或九级岗位上任职3年以上？

　　是□　　　　否□

5.是否在专业技术七级或六级岗位上任职5年以上？

　　是□　　　　否□

6.是否获得30年教龄荣誉证书？

　　是□　　　　　　否□

四、专业发展

　　1.是否满足统考成绩及格率有一年超同类学校平均及格率10个百分点，或平均分超10分；或及格率、平均分有两年相对上年提高5个百分点或5分以上？

　　是□　　　　　　否□

　　2.是否满足统考成绩及格率有两年超同类学校平均及格率10个百分点，或平均分超10分；或及格率、平均分有两年相对上年提高5个百分点或5分以上？

　　是□　　　　　　否□

　　3.任职期间所教班级的期末统考成绩是否（一次）超过贵阳市平均分5分以上或及格率超过5个百分点以上？

　　是□　　　　　　否□

　　4.所教班级的会考成绩是否（一次）合格率达到95%且优良率超贵阳市高中会考优良率5个百分点以上？

　　是□　　　　　　否□

　　5.所教学科的成绩是否在本地同类学校中名列前茅？

　　是□　　　　　　否□

五、履职担当

　　1.是否有当班主任的经历？

　　是□　　　　　　否□

　　2.是否参与辅导至少一个学生社团？

　　是□　　　　　　否□

3.是否主持辅导至少一个学生社团或承担一门以上校本选修课？

　　是□　　　　　否□

4.是否担任班主任3年以上(硕士2年)，且荣获县级以上优秀班主任称号或所带班级获县级以上表彰？

　　是□　　　　　否□

5.是否连续担任班主任工作3年以上？

　　是□　　　　　否□

6.是否担任班主任3年以上(硕士2年)，荣获市级以上优秀班主任称号或所带班级获市级以上表彰？

　　是□　　　　　否□

7.近3年内，是否连续被学校聘任担任教研组长或年级组长或备课组长？

　　是□　　　　　否□

六、自我认可及社会声誉

1.是否是同行公认的优秀人才和学生带头人(含特级教师、省级名校长、省管专家、贵阳市创新人才、贵州省优秀青年科技人才、市管专家、市级以上骨干教师、政府特殊津贴获得者、县级科以上教育名师、中青年科技骨干)？

　　是□　　　　　否□

2.是否承担过2次市级或1次省级以上学术讲座，且培养指导5名以上一级教师？

　　是□　　　　　否□

3.是否是县级有突出贡献的青年专业技术人才；或县级优秀青年科技人才；或县级人民政府授予的先进工作者？

　　是□　　　　　否□

4.是否是市级有突出贡献的青年专业技术人才,或市级优秀青年科技人才,或市级人民政府授予的先进工作者?

是□　　　　　　否□

5.获表彰情况:

(1)县级以上党委或政府表彰□

(2)市级政府或省级教育行政部门以上表彰□

(3)省、市级党委或政府表彰□

(4)县级政府或市级教育行政部门以上表彰□

(5)无□

6.是否是政府特殊津贴获得者?

是□　　　　　　否□

七、教学研究能力

1.参与县级及以上课题情况:

(1)参与县级及以上科研项目、课题、工程以及技术推广项目□

(2)参与厅(局)级及以上科研项目、课题、工程以及技术推广项目□

(3)参与省级及以上科研项目、课题、工程以及技术推广项目□

(4)无□

2.是否独立完成了2项校本任务?

是□　　　　　　否□

3.主持完成课题情况:

(1)主持完成县级及以上科研项目、课题、工程以及技术推广项目□

(2)主持完成市级及以上科研项目、课题、工程以及技术推广项目□

(3)主持完成省级及以上重点科研项目、课题以及重大工程项目□

(4)主持完成国家重点科研项目、课题以及重大工程项目□

(5)无□

4.是否参加编写了正式出版的教材或教参,且本人撰写累计10万字以上?

  是□   否□

5.是否在教育理论、课程改革、教学方法等方面取得创造性成果并广泛运用于教学实践,且在教育改革创新中发挥了示范和引领作用?

  是□   否□

八、辐射引领

1.是否承担过校级以上示范课或观摩课?

  是□   否□

2.是否承担过3次及以上县级示范课或观摩课或学术讲座,且指导3名以上二级或三级教师?

  是□   否□

3.是否能深入掌握所教学科的课程体系和专业知识,成绩突出?

  是□   否□

九、技能竞技

1.是否获得过优秀教学成果国家级一等奖以上或获科技进步奖、哲学社会科学优秀成果奖省级二等奖以上?

  是□   否□

2.教育科研、教改实验优秀成果(不含论文、教学设计)是否获得过国家一等奖2次?

  是□   否□

3.是否获得过国家级优秀教学成果奖、教育科研优秀成果奖?

  是□   否□

4.是否获得过省级一等奖以上或教育科研优秀成果奖国家级二等奖?

是□　　　　　　否□

5.是否获得过省级二等奖或市级一等奖以上?

是□　　　　　　否□

6.是否获得过省级三等奖或市级二等奖或县级一等奖以上?

是□　　　　　　否□

7.是否获得过省、部级科技进步奖三等奖或厅级科技进步奖一等奖?

是□　　　　　　否□

8.是否是厅级科技进步奖一等奖的前两名或二等奖前五名的获得者?

是□　　　　　　否□

9.教学设计、案例等比赛获奖情况:

(1)获省级一等奖以上□

(2)获省级二等奖或市级一等奖以上□

(3)获省级三等奖或市级二等奖以上□

(4)无□

10.辅导学生获奖情况:

(1)6人次获全国一等奖□

(2)5人次获全国三等奖或省级二等奖□

(3)4人次及以上获全国二等奖或省级一等奖□

(4)3人次及以上获全国三等奖或省级二等奖或市级一等奖□

(5)2人次及以上获全国三等奖或省级二等奖或市级一等奖□

(6)2人次及以上获省级三等奖或市级二等奖或县级一等奖□

(7)无□

十、教育思想及教育方法凝练

1.是否在省级及以上学术公开刊物上发表学术论文1篇及以上?

是□　　　　　　否□

2.是否在省级内部资料性专业学术出版物上发表论文2篇？
　　是□　　　　　否□

3.是否有2篇论文获省级三等奖或市级二等奖以上？
　　是□　　　　　否□

4.是否在省级及以上学术公开刊物上发表学术论文2篇及以上？
　　是□　　　　　否□

5.是否在省级内部资料性专业学术出版物上发表论文2篇？
　　是□　　　　　否□

6.是否有2篇论文获省级二等奖或市级一等奖以上？
　　是□　　　　　否□

7.是否出版专业教育教学专著1部以上(10万字以上)，并发表专业论文3篇？
　　是□　　　　　否□

8.是否发表本专业论文5篇，其中在核心期刊上发表2篇？
　　是□　　　　　否□

十一、课程教材资源、教育教学成果推广情况

(1)省级及以上推广□
(2)市级及以上推广□
(3)县级及以上推广□
(4)无□

十二、开放性题目

1.您最希望学校为教师专业发展提供哪方面的支持？

2.您认为学校为教师专业发展应做的最重要的是什么?

　　该检测表的测试内容主要参照职称申报、晋岗等相关文件资料,您的回答无对错之分,无优劣之别,不作为评价您本人的依据。该检测表仅供教师更好地查找自身专业发展的差距,从而促进自身专业的进一步发展,明确努力的方向,在成长的路上找到更好的自己。

在"教育:唤醒·陪伴·引领"办学理念下成长

贵阳市第二中学　杨漪

谢基祥老师在2015年至2020年间,主持完成了省级课题一项、市级课题两项,参与完成教育部青年专项课题一项、省级重点课题两项,其科研成果获得贵阳市第九届、第十届优秀科研成果评比一等奖,贵州省第四届优秀科研成果评比二等奖,贵州省第三届优秀科研成果评比三等奖,贵州省第五届优质课评比二等奖,贵阳市优秀教学成果奖一等奖,贵州省优秀教学成果奖二等奖。在《语文教学通讯》《中学语文教学参考》《中华活页文选》《贵州教育》等期刊上发表论文20余篇,出版了《中学语文教学契合的观察与思考》《语文契合式教学》两部专著,第三部专著《班级文化的建构》也已交付贵州人民出版社,即将出版。

五年时间,谢基祥老师从一名贵阳市市级骨干教师成长为贵阳市市级名师、贵阳市高中语文学科基地工作指导专家、贵阳市第二中学教务处主任、贵州省省级骨干教师、贵州省语文特级教师、正高级教师、贵州省中语会理事、陕西师范大学学科教学兼职教授。

谢基祥老师专业快速发展的五年,恰是学校实施"办学理念促进师生主动发展"课题研究的时间,换言之,谢基祥老师是在"教育:唤醒·陪伴·引领"办学理念的影响下实现快速发展的,也是办学理念促进高原期教师专业自主发展的成功典范。

"教育:唤醒·陪伴·引领"办学理念是贵阳市第二中学校长段丽英所提,自2015年正式运用于学校管理以来,贵阳市第二中学的办学质量获得长足发展,尤其在师资培养方面,取得了不俗的成绩。这期间,学校产生了省市级名师7名,特级教师4名,正高级教师5名,谢基祥正是其中之一。2020年,学校被评为第二批贵州省中小学教师专业发展示范基地校,2020年10月19日,"教育:唤醒·陪伴·引领"办学理念在由教育部校长培训中心主办的全国优秀校长教育思想研讨会上被作为专题推介,段丽英校长做了专题报告,谢基祥老师作为教师代表做了专题发言。

以谢基祥老师为例,综合分析段丽英校长"教育:唤醒·陪伴·引领"办学理念培养教师的实践,不难发现贵阳市第二中学办学理念促进教师尤其是高原期教师专业自主发展的策略,概言之:唤醒、陪伴和引领。

一、唤醒教师自主发展意识

教师专业发展的最佳状态是自主发展。"教育:唤醒·陪伴·引领"办学理念在唤醒教师自主发展意识上主要表现在以下三个方面。

一是基于自我审视的原动力唤醒。所谓原动力,是指提供动能支持的来源的动力,是指动力的源泉。教师自主发展动力的源泉,与教师的成长背景、职业现状和职业期望密切相关。教师需对自我有充分的审视,形成对自我生命的认识和认同,才能唤醒自己的原动力。"教育:唤醒·陪伴·引领"办学理念引入"我是谁？我从哪里来？我将往何处去？"的哲学问题,让各教研组教师对自我进行职业身份、出身环境和目标预设三个维度的审视。谢基祥老师在反思中这样写道:"我评完高级职称后,和其他步入职业高原期的老师一样,过上了一天两节课、一月一工资、周末假期玩小资的慵懒而又闲适的生活,后来段校长问了我一个哲学问题,'我是谁？我从哪里来？我将往何处去？'。经过自我审视,答案是,我是教育工作者,我来自农村,是教育让我走出了山村,走进了城市,今后的我应该用教育帮助更多的孩子成长为更好的自己。我理应告别慵懒、审视自我,站在一个人民教师的高度去思考自己的责任与担当,做一个'四有三者'好教师,这是自我实现的奋进,也是对国家培育之恩的感激。"谢老师经过自我审视,将自我成长与职业责任关联,由己及人,完成了身份认同和价值认同,并使之成为自己专业发展的原动力。

二是基于发展内需的指引式唤醒。美国著名女诗人艾米莉·狄金森有这么一句诗:"我本可以忍受黑暗如果我不曾见过太阳。"教师的发展容易受限于所处环境而产生视野局限性,不少教师在有了发展内需后,往往因为视野的狭窄而茫然无措。为此,"教育:唤醒·陪伴·引领"办学理念以培训作为指引式唤醒的抓手,让教师参加各种层次的培训,不在于一招一式的借鉴,而在于教师发展内需的激活巩固与发展方向的清晰。段丽英校长以省级校本研修示范校和名校长工作室为平台,组织大量教师广泛参加培训,辐射范围广。教师们由培识己、由培明向,以卓越为参照,剖析自我,探寻自己的发展方向。谢基祥老师在反思中写道:"我有幸被选派到北京大学参加'国培计划——全国中学语文骨干教师项目'培训,见到了语文教师专业发展的阳光,从此不愿再蜷缩在黑暗的角落。我认识到,阳光下的语文教师,当有扎实的功底、全面的素养、横溢的才情、高阔的视野、独特的视角和健全的人格。"这次培训扩宽了谢基祥老师的专业视野,回去后,他用一个寒假写了4篇论文,分别发表在《语文教学通讯》《语文教学之友》《中华活页文选》《中学语文》杂志上。此后,他又在北京大学和湖南师范大学参加过两期国培计划,在上海华东师范大学参加过青年干部培训班。每参加一次培训,他内心成长的欲望就要被激活一次,并产生相应的成果。

三是基于最近发展区理论的跳摘式唤醒。最近发展区理论为教育家维果茨基提出,它强调由现有发展水平向可能发展水平的实现。"教育:唤醒·陪伴·引领"办学理念提出跳摘式唤醒,让学校所有年龄段的教师都意识到自己可以跳摘的最近发展目标。具体为:刚入职的教师三年内成为合格教师,青年教师成为校内骨干或市级教坛新秀,中高级教师成为省市级骨干,省市级骨干成为省级名师,省级骨干或名师成为特级教师或正高级教师。借助每一次评审机会,建立教师专业发展台账,梳理教师现状,分批鼓励教师确立最近发展目标。谢基祥老师曾在经验交流稿中写道:"又一次让我难忘的谈话,一样温婉的微笑,一样柔和的语调,不一样的要求,'今年要评特级教师哦','争取把正高职称评了!'面对段校长的期望,我颇为紧张。段校长说,'前有车敏善、王小维等全国劳模,近有罗芳盛、于和平等特级教师,二中有这个土壤,我看好你的!'我虽然依旧不自信,但心里又似乎种下了一颗种子。种子一旦种下,得了风雨,便要生根发芽,这是自然的规律,这是唤醒的力量!在校长的不断驱动下,我竟完成了一个又一个的跳摘目标。"

一个个可跳摘的目标,是对教师恰到好处的信任与激励,是对教师价值的认可与彰显,是教师自我发展的可持续动力。教师被唤醒,两个教坛新秀的指标,参评者近20人;一个省级骨干名额,入围者10余人;两个中层干部岗位,竞聘者15人。学校仿佛一池活水,春风拂动,生机盎然。阳光下闪烁着光泽的是目标的枝叶,水面下是深植入土的价值根须和评价制度公正的厚土。

二、引领教师自主发展方向

由唤醒走向觉醒,再到自觉,需要指路人的引领。诚如宋代诗人真德秀所云:和成后进须先进,引领时流作胜流。在"教育:唤醒·陪伴·引领"办学理念的引领下教师自主发展主要有三种形式。

引领一式:任务驱动式

任务驱动式即根据教师的专业发展目标分派相应的研究任务,促使教师在做中学、在学中思、在思中用,以达成其可跳摘的目标。任务有课题、项目、课程等形式。任务的分派讲究阶段性,分为参与、子项目负责和独立主持。以课题研究为例,首先鼓励教师参与课题研究,根据主持人要求完成课题中某一项任务,完成一项课题后,根据其能力分派一项课题子项目由其负责,在子项目的研究与组织管理中,提升其课题研究能力,相对成熟后,鼓励其作为主持人申报市级以上课题。任务驱动式强调实践的过程性,教师受任务的驱动,充分挖掘自身的潜能,调动自身的经验和技能,在不断完成各项任务的过程中,收获各项成果,实现自身素养的提升。

比如,谢基祥老师做的第一个市级课题子课题"儒家文化在校园文化建设中有效渗透的策略行动研究"便是段丽英校长交由其负责的,他带领语文组教师边学边干,逐渐成熟。谢基祥老师曾回忆道:"没过多久,段校长便要我做她一个市级课题的秘书,个人以为,段校长的这个决定是个冒险之举,因为我当时在课题研究方面还是个门外汉。记得第一次做课题汇报时,自己讲得飞沫四射,但结束离场时,评审专家和我同乘一部电梯,她说,'小伙子,你刚才讲的哪样哟?'我的心情瞬间下沉,但下沉可以让人沉静,沉静可以让人奋进。终于,在之后的两年,我边做边学,顺利完成了课题研究任务。"课题结题时,语文组教师发表了论文、获得了成果评比奖、编写了国学读本教材、开展了讲座等,收获颇丰。他们对课题研究也从不懂到懂,从懂到会,从会到熟,后来还成功申报了两项市级课题、一项省级课题。近些年来,贵阳市第二中学立项市级以上课题37项,开发校本课程30门,参与教师百余人,教师专业水平得到整体提升。

引领二式:问题导向式

当越来越多的教师参与到课题研究、项目研修和校本课程开发中后,一个不容回避的问题开始浮现:一线教师在教学研究中,不仅没有提升自己的教学质量,反而因为时间、精力的分散影响了其教学质量。段校长在教研会上引导大家思考如何以研促教的问题。于是,一批着眼于提升课堂教学效率和学生学习力的省市级课题立项启动。比如教育部青年专项课题"基于课堂观察促进学习目标达成的行动研究",省级重点课题"提升学习力,唤醒师生主动发展的行动研究"。谢基祥老师则将视角落在语文课堂教学的三个关键元素即教师、文本与学生的契合上,成功申报省级规划课题"利用教学契合点打造高中语文生态课堂的实践研究",并在研究过程中建立有情、有趣、有料、有效的语文契合式教学法。通过课题研究,贵阳市第二中学较好地解决了听评课专业化、教法科学化、教师发展长效化等实践问题。为巩固成果,学校将成果物化成了《唤醒·陪伴·引领教育教学实践丛书》,一共8

本,其中包括谢基祥老师的《语文契合式教学》和《班级文化的建构》,成果物化使研究成果不断内化为更多教师的专业素养。从问题引导到课题研究,再到成果运用、问题解决,在这闭环过程中,办学理念融进了教学常规,成为促进教师专业发展的养分。

引领三式:价值认同式

教师专业发展容易产生的弊病是:教师专业水平提升后,优秀师资出现较大面积流失。谢基祥老师在2017年评上正高级教师后,即受到了外单位的调动邀请,但他最终拒绝邀请,留在学校,工作至今。贵阳市第二中学的生源在本市示范性高中中属中等偏下,但教师队伍却相对稳定。稳定源于价值认同,学校通过教职工大会、行政办公会、教师节表彰会、专家讲座、道德模范宣讲和外出培训等引领教师从根本上认识二中的教育价值。正因价值认同的引领,贵阳市第二中学的教师才能安心于这不足四十亩的校园,尽职尽责。如辅导荣俊潏、焦成等学生摘得2017年全国"少年微星创客马拉松比赛"金奖,又如2016届的学生邱飞,形象佳、口才好、擅表达,谢基祥老师尽职尽责地培养他,最终其在艺考时以贵州省专业第一名的成绩考入西南大学,如今已成为著名节目主持人。

三、陪伴教师可持续发展

陪伴是最长情的告白,它不是简单的形影相依,而是一种氛围的共融、一种情感的共鸣、一种文化的共生。"教育:唤醒·陪伴·引领"办学理念的陪伴有三层境界。

境界一:管理式陪伴。即学校管理层干部在教师培养的各关键环节的陪伴式参与。有着特定身份含义的身影的出现,于教师而言,本身就是一种特别的温暖与心安。管理式陪伴强调专业对口,即尽可能让本专业的干部参与相应的教研组活动,以避免外行指导内行的现象发生。为防止学科专业干部空缺,贵阳市第二中学成立了学科专家委员会,成员为各学科中政治素养高、业务能力强的骨干教师,同时聘请校外学科专家,尤其是来自高校的博士和教授,形成高水平的专业指导团队。管理者和指导者通过线上线下相结合的方式,让各学科各层次教师感受到自上而下的陪伴温情,如在各关键环节包括教研活动、"青蓝工程"青年教师汇报课、课题申报指导、课题开题会和结题会、校本课程开发指导与验收、教师评优评级指导与考核、教师发展大会、教师表彰会以及各教师微信群等的陪伴。

境界二:同行式陪伴。所谓同行,即志趣相投,正道同行。同行式陪伴的方式有二,一是团队同行,包括党委党支部、领导班子、行政管理团队、处室团队、班主任队伍、教研组团队、年级组、班级科任团队等。团队成员在共同的目标下,协作共进,享受陪伴的温暖和目标达成后的喜悦。比如谢基祥老师所在的文科支部被评为贵阳市级先进党组织,其所带领的语文组和数学、生物教研组一起被评为市级优秀教研组,大家深深地感受到正道同行的快乐。二是同伴互勉互助。除了"青蓝工程"的老带新外,学校还特别重视教师办公室的安排,在方便工作的基础上,有意让志趣相同的教师在同一个办公室。如此,学校的同行者越来越多,更多的青年教师正以课题、沙龙、读书会的形式结伴同行。比如杨漪老师创办"拾光读书社",在周末不定期举办读书会。谢基祥老师在交流发言中说道:"还记得我的一位同行者卢老师,我们教同一个班,一起谈论教育,一起研究学生,一起写书,一起进步。卢老师影响了我,我又试着去影响我身边的人。去年,我鼓动同一办公室的罗老师一起写了本约20万字的《班级文化的建构》,如今,她已成为贵阳市名班主任工作室的主持人。"同行式陪伴是价值的认同、目标的趋同、情感的协同。发展之道,同行者愈多,其势益壮,其气愈豪,其行更远。

境界三:共鸣式陪伴。共鸣,源于思想的高度认同与情感的深度感染。学校深挖历史,提炼出红色文化元素,让贵阳市第二中学的师生有了校本文化的共鸣。红色文化诠释了为国育才、为党育人的责任与担当。教师寻到了学校历史文化的根,立起了教书育人的骨,找到了日常教育工作的脉。昔日,"沙驼"文学社青年上山下乡,宣传抗日救亡主张;今日,谢基祥老师组织语文组老师自发举办"沙驼"杯作文比赛,创办校园文学期刊《悦读者》,为国培育合格人才。昔日,刘家祥、杜蓉等党员师生,为革命抛头颅洒热血;今日,贵阳市第二中学的教师奔走在乡村振兴的道路上,罗哲老师远赴大凉山支教,出色的表现获得了教育部表扬。文化有根,长进人心,人便有了精神;融进校园,校园便有了校魂!

"教育:唤醒·陪伴·引领"办学理念是一个整体,唤醒、陪伴、引领虽各有侧重,但又相互交融,犹如土壤,虽然成分功能分明,但组合在一起,便成沃土,滋养出一片杂花生树、草长莺飞的美景。教师们每一次高原期的突破,犹如每一个新的春天,历尽秋冬的肃杀萧索后,迎来的将是更为繁盛的再发展。

"教育:唤醒·陪伴·引领"办学理念下的教师个人成长叙事

贵阳市第二中学 陈先睿

教育是始终贯穿于一个人一生的活动,一个人的成长必然离不开教育。德国的教育家雅斯贝尔斯曾讲道:"教育本质上意味着,一棵树摇动另一棵树,一朵云推动另一朵云,一个灵魂唤醒另一个灵魂。如果教育未能触及人的灵魂,未能引起人的灵魂深入的变革,那就不能称其为教育。"在我的职业生涯中,摇动我的那棵树、推动我的那朵云、唤醒我的那个灵魂,必定是让我铭记一生、无法忘怀的。其中对我影响最深的,是贵阳市第二中学段丽英校长深刻总结本校近90年办学实践后提炼所得的"教育:唤醒·陪伴·引领"办学理念。

我的成长之路可分为四个阶段。一是从1999年到2008年,为新教师到合格教师的阶段;二是从2009年到2013年,为熟练教师到成熟教师阶段;三是从2014年到2019年,为研究型教师到优秀教师阶段;四是从2020年到未来,希望能从名师向未来学科带头人转变。这一路走来,有许多印象深刻之事伴我成长、助我前行。如专业转型、首次当班主任、首次老带新等。这些事背后,隐藏着许多教育故事,使我一次次突破了教师职业高原期。为此,我努力找寻几个关键词为标记,和大家分享一下。

第一个关键词——感恩

感恩有三个层次,第一个层次的表现就是孝敬父母、尊敬长辈;第二个层次的表现就是爱祖国、爱民族、爱自己的文化传统;第三个层次的表现就是仁爱万物,敬畏自然。人性根本,必须拥有感恩意识。感恩是人作为一种精神性存在的基础要求。感恩的本质:是对"人之为人的根基"的礼敬。

作为班主任教师,我们要以自己的经历教会学生感恩。回忆成长的思想历程,感恩的动力源泉不断被丰富:从感恩家人、感恩他人到感恩万物;从感恩生存、感恩生活到感恩生命;从感恩家庭、感恩组织到感恩国家;从感恩萌芽、感恩丰富到感恩传承。

随着感恩层次的升华,其中所迸发出的强大、持久和永存的力量,促进了我的成长。特别是在职业生涯中,有特别值得我尊敬的恩人,如李小薇(校级名师)、卢焱尧老师。我在从教3年后毅然转向了数学教学,并担任班主任工作。但是,现实让我茫然不知所措,主要是因为空有一腔热血,没有专业人士引路,特别是在教学方式方面,我出现了技能高原。后来,通过学校的主题教研,即"基于问题—主题突破—破解困境"的方式解决了我的教学困境,再加上我不断地听课、研讨、交流以及两位恩师的悉心帮扶,使我在教学方式上学会了李小薇老师的规范严谨和卢焱尧的灵动创新,逐步走出了技能高原困境。

第二个关键词——境界

俗话说:学识决定眼界、眼界决定境界、境界决定人生。这里所说的学识不是学历,而是一种综合素养,关乎你读多少书、走多少路、见识和感悟多少,它是你人生经历的总和。这个阶段促使我蜕变与发展,使我的职业观有了改变的,离不开下面两个让我印象深刻的故事,即"老带新""带生研究"等。这两个故事帮助我突破了高原期教师的课堂管理困境。

故事一:"老带新"。在学校"老带新"同伴互助活动项目中,我成为师父,有了徒弟。在活动中,我负责指导新教师陈虹、蒲茜的数学教学工作和曾明明、蒋丽的班主任工作,传授他们教学和管理经验,指导他们制订教学计划、落实教学常规,帮助其答疑解难,还经常进行听、评课活动,对他们的职业道德、工作态度、教学能力和教学特色做鉴定,促进他们成长。我牢记著名教育家陶行知先生的名言——"学高为师、身为示范",要求自己时刻保持最好状态,恪守师道,完成好"传帮带"任务,要求自己有广博的基础知识、精深的专业知识、丰富的实践知识。为了能帮助青年教师在数学教学和班主任工作中学有所得,我还阅读了许多专业书籍。在"教育:唤醒、陪伴、引领"办学理念下提炼出的"双导师"带徒模式中(我与省市级名师卢焱尧同时担任陈虹、蒲茜两位新老师的师父),作为第二师父的我,得到了进一步磨炼,并与青年教师共同成长,还充分发挥了骨干教师"传、帮、带"模范作用,帮助青年教师尽快适应工作岗位。"老带新"活动助力我打造了专业高效课堂和文明班级,提升了我的教学质量,帮助我走出了课堂管理困境。

故事二:"带生研究"。我从指导学生撰写小论文、进行研究性学习、参加希望杯全国数学邀请赛和大脑运动会,到参加创客科技实践活动、科技创新成果竞赛、青少年机器人竞赛、3D打印比赛、科学微电影比赛、科普论文大赛等,学会了将课堂从室内转向室外,将教育内容从书本拓展到生活。多年来,我所带学生获国家级二等奖1项,省级一等奖3项、二等奖2项、三等奖3项,市级一等奖1项、二等奖1项、三等奖4项等。落实教育即生活的理念,学会带着教育的精神去教学,在教、育、引、渡,即给人知识、给人关怀、教人反思、思想开悟——4个环节中展示教育者的体悟境界。这对习惯于传统课堂教学的教师,无疑是一个巨大的挑战。特别是在进行研究性学习中,我也曾陷入高原期教师的课堂管理困境,一度不知道该如何开展课堂管理工作。按照教育学的观点,仅是"听讲授"只能记住5%的内容,而"自己讲授"则能记住95%,受"教育:唤醒·陪伴·引领"办学理念下的"1+5+1"教学模式的引导,我在教学实践中开始将课堂还给学生,让学生开放、开窍、开心。在此模式下的课堂实践,为教师提供了管理课堂的抓手,为学生提供了自主学习的载体,教学相长,校长的教学领导力和教师的教学执行力也在研究课堂、改进课堂中得到充分提升。我个人也在各类教学设计评比、优质课比赛中获得多个省、市级一等奖。这也让我彻底突破了课堂管理困境。

第三个关键词——专业

这里有两件特别值得关注的事:一是挂职锻炼。几年前,我曾挂任清镇市教育局党委委员、副局长,负责教育培训中心、教育科、职业成人教育科、电教设备科、安全保卫科的工作,特别负责协调清镇市第一实验小学的一些建设工作。一年多不断的"5+2""白+黑""完全没有寒暑假""下校、检查、督促、整改、研究、部署、协调"的工作节奏;多次到北京联系、洽谈,先后到贵阳市中天北京小学、贵阳市南明小学、贵阳市南明区尚义小学、贵阳市甲秀小学等优质学校考察并引进优质教育资源的工作经历,让我树立了大局意识,领会了责任与担当,使我得以正三观、阔眼界、提境界,明白了为教育事业服务的意义和价值。挂职锻炼的经历加强了我对教育的理解,提升了我的沟通协调能力,树立了我的"大教育观"理念,帮助我走出了沟通协调困境。

二是参加"三名工程"学习活动。我先后参加过"三名工程"中的段丽英名校长工作室,杨跃明、卢焱尧、章敏华名师工作室,贵阳市优秀青年干部培养导师魏林校长及工作室等举办的各种学习活动。在我的导师钟祥、龙文老师的指导下,在参加学科带头人培养活动中,在一次次优秀教育思想的影响下,在一次次教育精准帮扶中,我深刻感悟到专业传承的重要性。

正如顾明远先生讲的,教师只有专业化才有社会地位,才能促进社会的进步。又如德育老专家班华教授讲的,班主任的教育劳动主要是以心育心、以德育德、以人格育人格的精神劳动。我曾经在获得高级职称多年后,出现过研学反思的困境。幸运的是我能够在名校长名师工作室和学科带头人培养活动中,学习到专业的教育教学理论与实践知识,在贵州省市的研修共同体的各种学习活动中,进行深入教研、深度研修、深刻反思。我真正开始了在专业思想引领下的教育反思,感悟到教育教学的专业化应当有课堂教学设计专业化、课堂教学提问专业化、课堂教学目标达成专业化、数学教学与课题研究结合专业化、活动开展专业化、资源共享专业化、抱团发展专业化、精准帮扶专业化、辐射引领专业化、品质提升专业化、德育活动专业化、班级建设专业化、带班理念专业化等,其核心是教学能力专业化、科研能力专业化。成为一个专业化的教育工作者的目标锁定,彻底助推我突破研学反思困境。

今天的我,带着我的名班主任工作室团队,依然继续着师生的成长故事,带着学生体验、带着团队挖掘、带着理念引领,先后到安顺、毕节、六盘水、龙里等地开展授课、讲座和教研活动等,愿我们继续在"教育:唤醒·陪伴·引领"办学理念的引领下,共同觉悟、努力前行!

在"教育:唤醒·陪伴·引领"办学理念下重新启航

贵阳市第二中学　谢基祥

杨漪老师,毕业于华东师范大学,2012年参加工作。刚入职的她对教育满怀热情,有强烈的学习动力与职业成就感,对个人的发展也充满了期望。但教育是一个复杂的、滞后的过程,社会的压力、教学的压力、自我价值观的变化、自身技能发展的瓶颈等,使杨漪老师的职业满足感减弱、困惑感增强,进入了青年教师个人发展的迷茫期。她不再主动追求自我成长与发展,产生了价值认同危机、专业技能危机、心理压力危机,走入以情感高原、技能高原、发展高原为主的职业高原期。从2016年6月开始,她感到自身的责任意识减弱,甚至还一度怀疑教师角色的意义,产生了离职的想法,于是在2017年1月向学校提交了辞职信。

辞职申请书

敬爱的段校长:

　　这封辞职信在我身边放了很长时间,之前因各种原因,没有递交,思考再三,还是想向段校长您递上这封辞职信。

　　从进入二中到今天,我一直都敬佩与感激着您,您对工作的严谨认真,您作为教育者在很多细节上怀揣的育人之心,您对年轻老师的关心与培养,都深深地打动着我。我甚至都清晰地记得您对我的每一次鼓励、每一次信任,很抱歉,在这个时候向您提出辞职,给您增添了很多的麻烦。可是在短暂的生命里,我也想用余下的生命去热爱生活,去更系统地、深入地学习。

在工作的第五个年头,我深深地感到自己的停滞,很困惑也非常非常压抑,我没有办法全力工作,经过很长时间,也很慎重的考虑,抱着对学生负责、对学校负责的态度,才做出这样的决定。

敬爱的段校长,您或许会站在母亲的角度,担忧我的未来,而劝勉我安心做一名教师;您也可能站在管理者的角度,说服我踏实地工作;您也许会用长辈的眼光评估我,因我适合做一名教师而劝勉我……是多么感激啊!但,都请您不要试图说服我改变这样的决定,敬爱的段校长感激您,也深深地祝福您! 也祝二中越来越好! 谢谢您,段校长!

您的职工与学生:杨漪

然而,杨漪老师并没辞职成功。她反而在"教育:唤醒·陪伴·引领"办学理念的影响下,实现了自己专业的快速成长、自觉成长,她是办学理念促进高原期教师专业自主发展的又一成功案例。

杨漪老师在学校开展的以"唤醒"为主线的职业素养课程中对责任信念、身份认知、师德师风、教师情怀、时代使命有了新的认识,同时,拓宽了视野,净化了心灵,提升了境界,对教师这份职业有了更深与更坚定的职业认同。2017年开始,杨漪老师积极参加各类比赛;2018年4月,获得贵阳市第二中学青年教师赛课大赛上课一等奖、说课一等奖;2019年12月,被评为贵阳市"高层次创新型青年教师";等等。杨漪老师还积极撰写教育教学论文、参编教育教学论著:发表了论文《高中语文阅读教学质量提升策略分析》于《语文课内外》上,论文《辞恳意切,生动婉转——魏徵〈谏太宗十思疏〉劝谏艺术赏析》于《语文教学通讯》上;作为主要参编者编写《唤醒·陪伴·引领》教育实践系列丛书之《我们的青春正当时》(出版中);参编《唤醒·陪伴·引领》教育实践系列丛书之《语文契合式教学》。同时,杨漪老师还积极承担讲座与公开课:在"两地三校"教学展示课活动中,承担公开课"醉花阴";在观山湖区高中语文教研活动中,承担同课异构观摩课"小狗包弟";在贵州省卓越发展计划中,承担示范课"梦游天姥吟留别";在"提升教学内涵促进师生发展"中,承担观摩课"定风波";在教学帮扶中作"语文校本教材编撰"专题讲座。杨漪老师在各类竞赛展示、论文发表、论著撰写、公开课展示、讲座开展中点燃了自信,获得了新发展,也将自己凌乱的知识整理清楚,并总结提升为经验,使自己的实践教学研究有了理论的支撑,完成由经验向创造新理念的飞跃,从而获得专业上的巨大提升,并极大地增强了自信,为自身的专业自主发展蓄积长效动力。

杨漪老师不仅教学成绩优良:所带班级的高考一本上线率和二本上线率都远远超过其他班级;所带班级的语文会考成绩合格率100%,优良率99.6%。还积极参与教育科研项目:2017年5月,参加市级课题"高中跨媒介阅读与交流";2018年10月,参加市级课题"教师思维品质提升策略研究",任课题秘书;2019年4月,参加市级重点课题"基于新高考背景下生涯规划对贵阳市普通高中选课和升学的指导策略研究",任课题秘书;2019年11月,主持贵阳市高层次创新型青年教师教育科研计划项目课题"新高考背景下高中生涯规划课程建构实践研究";2020年,参加省级规划课题、市级重点课题"基于育人方式改革优化课程体系建设的行动研究——以贵阳市第二中学为例";等等。在这期间,杨漪老师对教育教学有了更多的胜任感、安全感、方向感,教学能力得到了提升,也有了更为明晰的职业规划和强烈的工作认同感。

在行政工作上,杨漪老师积极作为,从教学处专项负责人做到教学处副主任,并且创办了"悦读时光"读书社,还多次开展青年教师读书与经验交流、教师职业规划的沙龙;与谢基祥主任及语文组老师们创办了贵阳市第二中学《悦读者》学生文学读物;负责贵阳市第二中学支教活动及高中新任跟岗教师培训活动;组织并开展了大型教师团队技能大赛;参加年级管理委员会的教学管理工作,起草了教学处工作方案多篇,撰写了活动简报多篇;编写了"教师个人与学生成绩管理手册";负责本校参与市级骨干教师的评选与考核认定工作;在教学常规管理上,和年级组、备课组、教研组一起,狠抓备、讲、考等常规工作,积极改变备课组集体备课及教研效率低的现状,推进教研组的共建与共长;等等。

在学生工作上,杨漪老师深受"导师制"影响,深入教学并坚持和学生在一起,坚持在学习与实践中不断提高自己的教学能力。以"导师制"为主要内容的指导课程的推进实施,密切了师生关系,提升了交流品质,助力师生齐头并进、共同发展。学生在这样的氛围中更多地了解了导师工作的艰难、导师的优良品质、导师的思维方式,对导师多了一些敬重、敬佩和认同。高中时期便立志做一名教师的杨漪老师,在"导师制"的推行下,很快找到了职业成就感,又如刚入职时的和风细雨、润物无声一样,将学生和教学当成灯盏,一路执着前行。在她眼里,每个学生都是自由、独立且具有无限可能的个体,也坚信教育的力量是由内而外。现在的她用包容、自律、示范,努力地点燃一盏又一盏学生的心灯,用自己的言行践行着学校的"教育:唤醒·陪伴·引领"办学理念,用自己的力量促进学生的主动发展、全面发展。幸福的定义是什么?杨漪老师说:"幸福在讲台上、在学生的脸上!"

正是"教育:唤醒·陪伴·引领"办学理念的影响与促进,让身处高原期的杨漪老师,快速走出高原期,重新起航,实现了专业的快速成长。杨漪老师说:"我虽然有了一些成长,但由于自身学习不够,理论水平有限,还有很多不足的地方今后要多多学习。我要将自己的经验上升为理论,在理论上更好地指导自己的教育教学,并坚持将宏志教育融入教学,执着地树中华教师魂、立民族教育根,继续努力用自己的行动诠释'我一个肩膀挑着学生的现在,一个肩膀挑着祖国的未来',诠释'随风潜入夜,润物细无声'。"杨漪老师还表示,将在不断历练中,壮筋骨、深钻研、增实干,做敢于战斗且善于战斗的教育战士,不听浮言、虚言,不纳浮术,保持积极奋斗之姿态、战斗之姿态,在平凡的岗位书写凌云志,让教育的种子在更多学生与青年教师的心底发芽、开花、茁壮生长,希望通过自己的努力,为祖国教育事业的发展,献上一点光和热!如于漪所说,一辈子做老师,一辈子学做老师。

"漫漫"陪伴,向上生长

贵阳市第二中学　杨漪

人生是一场苦旅。做班主任的过程也是一段苦旅,但有蜂蜜的甜、芳草的香,沁人心脾。

——记做班主任最美好的时光

二月,原本是美好的时日,一年伊始,憧憬满满,等着三月,江南草长,群莺乱飞,幻想四月,春光一泻千里,可"疫情"冲淡了春节的喜悦、扼住了人们前进的步伐,让人们处于恐惧、焦虑与悲痛之中,在这样的时日里做些"积蓄"与回望,便觉知足。

回想这些年的班主任工作,痛并快乐着,点滴的呈现是回望的反思,是怀念的甘甜。

无所为而为之,爱与尊重是种子发芽的雨露和阳光,是教育的大智。

记忆犹新的是我带的第一届学生中李××,高一新生入校时,刚见到他,脸上明显的社会气息、轻佻的动作,都让刚入职还没有班主任工作经验的我,感到恐惧,同时也引起了我高度的关注。果不其然,开学仅一周,他多次迟到、穿拖鞋上课、课堂睡觉、不交作业、把垃圾丢在座位下……我想他就是不折不扣的"坏学生",还好,学校有操行分的"法宝",没到一个月,他的操行分就已经扣到学校警告处分的规定线,再往下走,便是劝退,然后是开除。那天他又没有交作业,我怀着满腔的怒气,冲到教室,准备给他下最后的通牒。可是,眼前的一幕,让我倒退一步,打完篮球的他挽起校服的裤腿,定睛一看,他小腿两侧有大片的文身,几乎占满了侧小腿,见我进教室他快速放下了裤腿。我内心的恐惧更甚,又莫名激动,恐惧的是我居然在当班主任伊始,碰到如此"顽石",激动的是李镇西曾有言,教育需要爱,教育还需要智慧,能点化如此"顽石",莫不是我教育智慧修炼之路上最好的试炼石?岂不快哉,此难道不是教育工作者的意义所在?电视剧《士兵突击》向我们诠释了"不抛弃,不放弃"的人生信念,它也更应该是广大教师的教育信念。于是,我决定用我的教育智慧来收服此"顽劣之徒"。

在心里大笑三声后,我便开始了"爱"他漫长的三年教育之路,后来很多次的经历,证明了我心里大笑的三声,笑得太早了。但,没关系,我坚信"教育的爱"能够改变一个学生。随后,便是与家长的一系列深入沟通,同时我开始分析他这些看似无所谓行为后的根源,并思考如果我在这样的处境中,最希望得到什么样帮助。静心思考与观察之时,我用心寻找每一个可以走近并帮助他的契机。如他每次犯错误,我都会以不同的方式告诉他"杨老师,陪着你成长,我们允许自己犯错误,但不允许自己在错误中没有成长"。真诚的示范与沟通很管用。赏识他身上的优点,鼓励他每一次的成长与进步,表扬他笑起来很帅气,告诉他某同学认为他是个物理天才以及化学老师表扬他最近化学课听得很认真,等等。我知道他在初中时对理科很感兴趣,我想让知识的收获带动他自我价值的肯定……很多静心的观察,生发出了很多教育契机,让我把自我肯定、自我约束、自我激励、相互理解、坚持等一点一点不着痕迹地植入、浸透在李××的心中。高一一整年,他迟到、早退、不交作业、卫生等问题有所改进,但此起彼伏,我有些绝望,想算了吧,"江山易改,本性难移"。每当我想要放弃他时,他又给了我希望,像极了小说的一波三折。

听,芽在春天破土生长的声音!

时间飞逝,高二经过了文理分班,很幸运,李××依旧留在我的班上,这就意味着,我可以继续开始"爱"他的教育之路了。高二因重新分班,在班级重组之初,我花了很长时间,认识新学生,并有意识地组织了很多集体活动来增加班级的凝聚力。在教育的细微之处让学生们感知"好的个体成就好的集体,好的集体推动更优秀的个体",同学们渐渐有了很强的班级荣誉感,李××也一样。感触最深的,要数高二上学期临近期末时的那一次打架了,当时我坐在办公室,听见外面有很大的动静,急忙跑出去,操场上奔跑的是李××和另一个平时比较调皮的学生陆××,学生们的动作比我快多了,他们很快冲出去并分别抱着李××和陆××。当时,我也不知道哪里来的自信,就笃定他们自己可以处理好,现在想想挺后怕的,没一会儿,我就看见他们俩在同学们的带领下向我走来。回到办公室,李××很不好意思地说"杨老师,对不起,我们刚刚打架了,我来陈述这个事情",他又不好意思地拉了一下旁边的陆××,并向他道了歉,随后两人又说了自身存在的问题。我想问题解决了,也可以松一口气了,正当我在思考如何利用这次事件给学生们以启示时,李××和陆××竟在讨论一会儿回到教室,如何向同学们解释刚刚不好的行为,坐在旁边的我笑了。

那一次我听见枝丫拔节生长的声音,你听,多美妙!

"路漫漫其修远兮"不仅是屈原形容人生的探索之路,也可以用来描述每一个师生的成长之路。高二下学期,李××的成绩已从班上的40多名慢慢上升到了班级前20名,梦想的鼓励、学习收获的自信和同学们的认可给了他很强的冲劲,可是这股劲冒过了头。高二下学期会考时,我因是班主任需避嫌,所以没有监考,又因家中有事,回了铜仁老家。回到家的第二天,冷校长、德育处的主任轮流给我打电话,我想,又有新状况了,果不其然,李××因考试迟到被拦截在考场外,学校反映李××情绪很激动且揪着监考老师的领子准备动手,被阻拦后坐在楼梯上情绪十分激动,前面几次,他都拒绝与我电话沟通,说的唯一一句话是"杨老师,他们太过分了,我没有问题,你放心,我可以自己处理"就挂断了。我懂得,他想要检验自己努力的急迫,懂得他想证明自己的需求。等他冷静下来后,我们进行了很长时间的沟通,我动员在学校的其他老师对他进行了安抚。事后,他也意识到自己犯了很严重的错误,回来后我给学校写了保证,李××带着警告的处分,继续前行。这件事算是平息了,但我想我的另一种"爱"的教育又开始了,我开始在教育的细节中有意识地让他领悟规则、克制、温润与感恩。高考的路一直在向前延伸,人生之路,亦是,此起彼伏,是人生的常态,但只要方向是向阳的,大底就是好的,是的,我相信阳光会朗照,一定。

高三来得尤其快,快节奏的备考,同学们的目标开始明确,几乎每个同学都开始闷头向前冲。不同的阶段,凸显学生不同的问题,生出不同的教育契机。高三的李××,因为压力大,也显现出了不同的问题。如何排解学生的压力,成为高三老师的必修课。于是,我又有了很多身份。唱歌让人愉悦,那我们就一起唱歌吧,那时我是一名努力飙高音,带着他们放声歌唱的音乐老师,又好像摇旗呐喊带领冲锋的将士;冥想让人放松,那我们就在某个晚自习全班趴在桌上闭眼听首轻音乐冥想吧,那时我是一名心理老师,营造不同的场景,尽可能让同学们放松;"传销式"的口号能自我鼓励、让人蓄力,那就挑选经典的口号开开嗓吧,那时我是"打了鸡血"的团队训练师;运动让人更精神,那就跑步吧,那时我是憋足了劲却还"拖后腿"的体育老师……于是乎,高三枯燥的备考时光里,留下了很多很多的彩虹,现在回想真是美妙至极。当然,高三的问题还有很多,因为压力和其他原因谈恋爱的增多了,有的同学不想坚持了,那个时候的他们是如此坚强,又是如此脆弱,李××也一样。好在,坚持初心,保持静心,一切都可以迎刃而解,阳光普照,只等花开。

俗话说,做足了努力,结果是顺其自然的事情,我坚信不疑。他们最终成了我的骄傲,李××也考上了一所"211"学校。最开心的是,在他们身上我感受到了明朗、积极、合作、自律、自信、温润、感恩、决心……

我想,五年、十年、二十年,或许不少事情已经模糊,虽搜索枯肠却不可得,有些却历历在目,形成永恒的怀念,成为我生命的一部分。

做班主任的过程也是一段苦旅,但有蜂蜜的甜、芳草的香,沁人心脾。总有道不尽的班主任兵法,但我想做到"四心两不"——初心、爱心、静心、用心,不抛弃、不放弃,便足矣,万变不离其宗。

是的,你闻,百花绽放,是教育的芬芳,缭绕一生。